光尘
LUXOPUS

极简法则

Richard Koch
Greg Lockwood

SIMPLIFY

HOW THE BEST BUSINESS
IN
THE WORLD SUCCEED

[美] 理查德·科克 [美] 格雷格·洛克伍德 —— 著

戴融融 —— 译

北京联合出版公司

图书在版编目（CIP）数据

极简法则 /（美）理查德·科克，（美）格雷格·洛克伍德著；戴融融译. -- 北京：北京联合出版公司，2022.8（2023.9 重印）

ISBN 978-7-5596-6249-1

Ⅰ.①极… Ⅱ.①理… ②格… ③戴… Ⅲ.①企业管理—通俗读物 Ⅳ.① F272-49

中国版本图书馆 CIP 数据核字（2022）第 123099 号

北京市版权局著作权合同登记号　图字：01-2022-3571 号

SIMPLIFY: HOW THE BEST BUSINESS IN THE WORLD SUCCEED
Copyright © Richard Koch and Greg Lockwood, 2016
First published in the United Kingdom in 2016 by Piatkus.
This Chinese language edition is published by arrangement with Little, Brown Book Group through BIG APPLE AGENCY, INC., LABUAN, MALAYSIA.
All rights reserved.

极简法则

著　　者：[美]理查德·科克　[美]格雷格·洛克伍德
译　　者：戴融融
出 品 人：赵红仕
策划编辑：冯婧姮
责任编辑：孙志文
营销编辑：王文乐
装帧设计：王　易
出版统筹：慕云五　马海宽

北京联合出版公司出版
（北京市西城区德外大街 83 号楼 9 层　100088）
北京联合天畅文化传播公司发行
文畅阁印刷有限公司印刷　新华书店经销
字数 190 千字　880 毫米 ×1230 毫米　1/32　7.75 印张
2022 年 8 月第 1 版　2022 年 9 月第 2 次印刷
ISBN 978-7-5596-6249-1
定价：59.00 元

版权所有，侵权必究
未经书面许可，不得以任何方式转载、复制、翻印本书部分或全部内容。
本书若有质量问题，请与本公司图书销售中心联系调换。电话：（010）64258472-800

目 录

前言一 / i

前言二 / v

大揭秘！/ vii

第一部分 伟大的简化者

第 1 章 将出行大众化的人 / 002

第 2 章 坐公交的亿万富翁 / 009

第 3 章 食品装配线 / 018

第 4 章 战胜老大哥——1984 的真实故事 / 027

第 5 章 战略简化者 / 037

第 6 章 出租车！App 的美丽新世界 / 048

第 7 章 两种策略与其各自权衡 / 061

第二部分 如何简化

第 8 章 成为哪一种简化者？/ 076

第 9 章 如何进行命题简化？/ 099

第 10 章 价格简化第一部分——产品再设计 / 113

第 11 章 价格简化第二部分——商业系统再设计与扩大规模 / 124

第三部分　拯救恐龙?

第 12 章　它们需要救助吗？/ 142

第 13 章　大公司的弱点：管理者拒绝简化的五大糟糕理由 / 148

第 14 章　市场领导者如何轻松进行简化？/ 162

第四部分　简化的回报

第 15 章　价格简化是否会带来回报？/ 174

第 16 章　命题简化是否会带来回报？/ 188

第 17 章　简化的成功：一次考古发掘 / 202

第 18 章　简化的局限、力量与荣光 / 216

致谢 / 227

前言一

理查德·科克

在过去的 40 年里,我一直都在寻找某种简洁、强大而巧妙的基本法则,这样的法则有助于我们创立伟大的新企业,更能使我们身处的人类社会更加丰盈。

法则是个好东西。如果它足够有力的话,我们做事就能事半功倍,不会钻牛角尖。在科学与商业领域,恰好就有一些这样的法则。然而,尽管大多数科学家都对其专业领域内的精妙法则了然于心,能够用法则指导日常工作的商界人士却屈指可数。比起法则,他们更倾向于依靠比法则更表面的层次——"方法"。但正如 19 世纪哲学家拉尔夫·沃尔多·爱默生(Ralph Waldo Emerson)所说:"世间方法千千万万,法则却少之又少。那些参透法则的人能够成功地选出属于自己的方法,而一味拘泥于方法却忽略法则的人定会陷入麻烦。"

如果从评判标准来看,一项好的法则必须具有压倒性的力量,能够让你我这样的普通人,可以丝毫不依靠个人才智,仅凭谨慎地遵守这些法则与一点点最基本的常识,就能够创造出切实的非凡成就。

好的法则可以告诉你,你能够创立或工作于何种企业。只要你谨遵法则,你的事业就很可能大获成功。

通过一次次不断试错,我已成功找到一些令人惊叹的法则。如果 4 年前你问我,哪条法则对做生意最有效,我的答案会是"明星法则"(Star

Principle），这正是我个人对波士顿咨询公司发明的"波士顿矩阵"（又称"成长 – 份额矩阵"）的诠释。在该矩阵中，所有企业都能被归于以下四类：

- 明星（Star）——高增长市场中的最大企业；
- 问号（Question mark）——高增长市场中的非最大企业；
- 现金牛（Cash cow）——低增长市场中的最大企业；
- 瘦狗（Dog）——低增长市场中的非最大企业。

明星法则对此做了如下阐释：

- 最好的企业都是"明星"，也就是说，它们能够在快速增长（连续数年至少保有10%的年增长率）的市场或利基市场中独占鳌头。
- "明星"企业都有极大的价值。企业的价值可以呈指数级增长，同时持续盈利，并具有稳定的现金流。
- "明星"企业大概只占企业总量的1%～2%，却占有比产品整个生命周期所创造的还要多的现金（因为一些非明星企业吸收的现金超过了它们创造的现金）。因此，"明星"企业是企业家、风险投资家与其他投资者的获利源头。
- 如果白手起家，创立一种全新的企业类别，或者把原市场中某个子集市场重新划分为一种新的企业类别以取代早期市场领导者的地位，这样就有可能创办一家全新的"明星"企业。

通过在个人投资中熟练运用明星法则，我积累了属于自己的财富。在过去的23年中，我投资了16家初创企业与年轻公司，其中一半都给我带来了超出原始投资至少5倍的收益。这些投资为我带来了将近20%的年复合回报率，远高于专业风险投资人的平均水平。

我是如何做到这一点的呢？因为我谨遵明星法则。现在，我只投资"明星"企业或特定市场中那些潜在的"明星"企业。

然而，这其中也存在问题。明星法则只能告诉你一家现存企业是否已经是"明星"企业，却无法告诉你如何才能创造出一家"明星"企业，或者如何在一个高增长市场超越现有的市场领袖，并取而代之成为下一个"明星"。

所以，是否另有法则能够告诉我们，如何才能成为真正的"明星"呢？

过去的4年里，我一直都在寻找一个答案。

在与风险投资人、与我合著 *Superconnect*（意为"超级沟通"）一书的作者格雷格·洛克伍德（Greg Lockwood）的合作中，以及在欧析企业管理咨询公司（OC&C）高质量研究的大力支持下，我相信我们已经有了答案。我敢说，这就是答案。

对企业和市场进行"简化"（simplify），就是我的答案。

如果你想知道简化为何重要，以及如何做到简化，那就请继续往下看吧。

前言二

格雷格·洛克伍德

我的工作是对企业进行投资,因此我是一名专业的怀疑论者。出于本能,我不喜欢过分简单化的准则,也不喜欢追赶管理的最新风尚。一直以来,我倾向于认为,如果企业想要成功,就绝不能忽略经营过程中一切微小的细节,而管理者的品性如何更是至关重要。因此,从很多方面来讲,我同理查德的合作看起来都有些古怪,毕竟他的世界观比起我,或者我认识的任何一个人,都要简化得多!

然而,在我和理查德相识的14年中,我明白了某些朴素的经验法则并非一成不变的真理,它们往往蕴含了深刻的洞察力与前瞻性。明星法则与二八定律就是两个得到充分验证的例子。理查德提出的法则总是容易掌握、容易沟通,最重要的是,这些法则可以让人处变不惊,快速投入到行动中去。在商业领域,比起花大量时间做到百分百完美,在大部分时间保持清醒的头脑以做出果断的决定通常会带来更好的结果。

通过将创新简化为两项经由实践得到验证的可行策略,对企业的简化可以说是对理查德的二八定律与明星法则的自然延伸。他简化了策略的实施,同时也简化了有助于企业更加简单高效的艺术。

这一主张最吸引人的地方是,它揭示了创新所能带来的最深远的影响。我们通常将创新等同于发明。在我们生活的当下,对发明家的崇拜之风极为盛行。毕竟,一个能够拓展知识边界、进行发明创造,或解决遗留问题的人，通常都与众不同。然而，受知识的首次创新而有所影响的人非常有限，而将最大经济利益带给全人类的则是简化者，正是他们将发明和发现的成果引入了大众市场。

简化者让更大的利益惠及更多人，这便是世界真正发生改变之时，也是最高经济效益的栖身之所。发明家们受人尊崇当之无愧，但同时，我们也应致敬那些将物有所值的商品带给普罗大众的人，这便是对简化者的崇拜。

大揭秘！

理查德·科克

在序言中，我谈到了简化企业和市场的重要性。为什么说这一点是可取的呢？因为，事实证明，简化就是创造巨大市场、促进公司盈利的秘诀。

我初次意识到这一点，是在我25岁进入波士顿咨询公司（BCG）的时候。我曾在沃顿商学院修习了一门"个性化专业"课程，这个名字看似华丽，其实就是研究一切我感兴趣的东西，包括合作。但这所谓的"个性化专业"课程并没有教会我应该如何创建一个超级盈利的企业。事实上，当时我对毕业后谁会愿意雇用我都感到恐慌，因为我没有任何专业技能，比如公司财务或市场营销。此外，尽管我深谙很多晦涩的商业理论，但对于真正有用的东西却一无所知。因此，当我遇到BCG的招聘人员时，可以想见我有多么如释重负。他们告诉我，BCG想找的就是我这样年轻、坦率的新人，因为他们可以用自己的商业模式训练我们，包括将客户企业归类为明星、现金牛、问号或瘦狗，然后告诉相应的客户应该如何做出改进。我自己可以什么都不懂，只需要学习如何做这种分析就够了。

除了找到工作带来的慰藉，我也被BCG作为一家企业所蕴含的众多特别之处深深触动。在BCG，仅凭一群聪明但毫无经验的新晋MBA（工商管理硕士）就可以为客户提供大量的咨询服务，就能让公司从全美乃至全世界最顶尖的大公司收取巨额报酬。我也渐渐发现，这项工作对一些公司非常有价值，因为它可以帮助企业出售或关闭没什么发展潜力的公司，集中精力经营其拥有的少数优质的公司，也就是明星企业。然而，让我印象最深刻的还是 BCG 的发展居然如此迅猛，并能够在低"生产成本"下产生极高的利润。因为波士顿矩阵背后的简单法则，所以 BCG 才有可能培训像我这样前一秒还在担心自己吃不上饭的人，并且相信我们会在短时间内做出兼具原创性和实用性的分析。

BCG 是如何做到这一点的呢？因为它进行了简化。它将无数本商业策略的著作凝练为一个小巧精致的模型，以相对较低的成本推广到任何企业中，价格却能卖到很高，因为它能够让大企业客户受益，这也是 BCG 最主要的市场。

从客户的角度来看，又有哪些好处呢？波士顿矩阵非常简单，组织里的任何人都能轻易掌握；它也非常实用，能够精准告知公司经理该做什么。它简单实用、实践性强、设计精美、让人过目不忘，能够在客户企业内部作为简化而统一的沟通工具。

这让我开始思考，或许最成功的公司不仅仅是高增长市场中的领跑者（根据明星法则而言），更是最懂得简化的公司。在经济困难的时期，简化会带来两个巨大的好处：

- 为企业与市场带来高速增长；
- 做到以上这一点的同时保持高利润，因为简化可以在降低生产成本的同时保持高价。

这一招多妙啊！

在我的职业生涯中，我一直在找寻简单的答案，却从未像对待二八定律和明星法则那样，系统地将法则模板应用于简化工作。而后，在大约 5

年前,格雷格指出了我思维中的这一漏洞。我们也由此有了撰写这本书的念头。

秘密的红线

格雷格和我得出的结论是,简化策略理应带来非凡的成功,但还有个巨大的惊喜在等待着我们。我们一直认为,说明简化,以及确定如何简化的最佳方式,就是对过去百年来最成功的简化者们的案例进行探索研究,而这比我们预期的要更容易。古往今来,对我们来说有研究价值的案例数不胜数。

我们慢慢拨云见日,发现了简化的真正秘密:直到今天,20世纪以来所有伟大的、成功的故事,几乎都是有关简化的故事。

我们发现,简化不仅仅像策略或经济学理论所认为的那样能带来巨大的经济成功,通过观察那些不仅改变了企业面貌,更改变了我们工作与生活方式的人,我们意识到,这正是智慧且富有创造力的简化策略已经做到并将持续做下去的事情。简化不仅带来了了不起的成就,更对社会产生了深远的影响。

如果让你列出过去百年,或是五十年、十年甚至短短五年里最成功人士的名单,你会发现他们中绝大多数都是了不起的简化者:

- 亨利·福特;
- 艾伦·莱恩;
- 麦当劳兄弟与雷蒙·克罗克;
- 华特·迪士尼;

- 英格瓦·坎普拉德；
- 川岛喜八郎；
- 布鲁斯·亨德森；
- F. 肯尼斯·艾弗森；
- 赫伯·凯莱赫；
- 史蒂夫·乔布斯与乔纳森·伊夫；
- 盛田昭夫；
- 比尔·贝恩；
- 詹姆斯·戴森；
- 米特·罗姆尼；
- 杰夫·贝索斯；
- 皮埃尔·奥米迪亚；
- 拉里·佩奇与谢尔盖·布林；
- 丹尼尔·埃克；
- 乔·杰比亚；
- 特拉维斯·卡拉尼克与加勒特·坎普。

能上榜的名字不胜枚举，随着"独角兽"企业（估值超过 10 亿美元的私营企业）的不断涌现，这个名单会越来越长。

这些企业家都是简化者。他们中的一些人对此相当坦率。例如，亨利·福特对其最具创新意义的 T 型车（Model T）给出如此评价：

> 它最重要的特点就是简洁性……作为设计者，我有义务让这一车型简单到所有用户都能轻易理解它。这一做法一举两得，想明白了这

个道理，很多其他的问题也能迎刃而解。图纸越简单，汽车就越容易制造，价格更便宜，销量也就越好。

雷蒙·克罗克曾记载下麦当劳兄弟创造的一种截然不同的经营方式：

> 这是一家在服务与菜单方面都精简到极致的餐厅，是后来大多数快餐店的原型和典范……备餐的精简使麦当劳在每一步骤中都能专注于质量，而这就是秘诀所在。1954年的一天，当我看到麦当劳的工作流程，那感觉简直就像是被爱达荷土豆砸中脑袋的当代牛顿。

他说，他写给麦当劳的首句箴言是"KISS"，意思是在工作中应时刻保持简单、保持愚钝（Keep it simple, stupid）。

史蒂夫·乔布斯将他的策略描述为"越简单越好……我们经营公司的理念，所设计的产品和广告最终都将归结于此：把一切都变简单，真正的简单"。

他的传记作者，沃尔特·艾萨克森曾写道，乔布斯"通过减少按钮，简化了设备；通过减少功能，简化了软件；通过减少选项，简化了操作界面。他对简单的热爱源自禅修"。

乔纳森·伊夫是自iPod（数字多媒体播放器）以来每一款苹果设备的创造者，他曾反复强调他的设计思路就是尽可能让产品更简单易用，即使设计过程本身分外艰难。他强调，要做出如此简单的产品是非常困难的，而他的任务就是要"解决那些极其复杂的问题，并让解决方式看起来非常自然、简单，让你感觉不到简化过程的艰难"。

鉴于这些线索，格雷格与我发现，之前似乎从没有人意识到简化正是产品与企业创新的关键，它能够为客户、社会与股东们创造出极高的价值。从我们的祖辈、父辈一直到我们这一代，简化一直是一条无形却贯穿商业历史的红线。

但现在，这个秘密已经被公开了！这应该能让成千上万的创新者（或许你也是其中之一）为自己和他人创造非凡的价值。这样一来，智力创新的过程就加速了！

不仅如此，格雷格和我还有另一个发现。所有的简化者，他们中的每一个，都只遵循了两种简化法中的一种。所以如果你想知道应如何进行简化，我们的答案是，你可以从两种同样可靠与验证充分的模式中进行选择。

如何进行简化？

这两种简化策略是完全不同的，并且往往不可兼用。如果你想简化，只能从二者中选其一。我们将通过多个案例证明这一点，在经过反思与一些测试后（下文将有详细解释），你就会清楚哪种策略更适合你的企业、理想与市场机会。然后，你就必须坚定地执行你所选择的策略。

这些策略本身很简单。

第一种策略我们称之为"价格简化"。这需要将产品或服务的价格削减一半，甚至更多。有时，价格在几年之内就会下降90%。从表面上来看，这似乎有些不切实际，但我们会向你展现大量实例。更新、更低价的产品或服务与昂贵的旧产品不尽相同，却具备了同样的基本功能。例如，没有人会觉得乘坐廉价航空能享受到与乘坐正价航空一样的愉悦体验，但前者仍然能快速、安全地把你送到目的地。而且，将价格降低50%~90%的方法通常不是提供劣质产品，而是以不同的方式来组织产品的交付过程，使其运输量更大、效率更高，并且常常能吸引客户参与到一些工作中！

简而言之，价格简化之所以如此有效，是因为大幅降价的结果通常是市场成倍扩大规模。如果价格减半，需求不会只是简单的增加1倍，而是以5倍、10倍、100倍、1000倍甚至更快的速度增长。如果价格降到原价的1/5或1/10，需求量也许会增加1万或10万倍。有时候，倍数甚至可能要以百万计——看看麦当劳在汉堡市场的举措。

然而，只有当你能够让产品制作过程变得更简单，从而使成本至少减半时，价格简化才会有其经济意义。

当然，降低成本和价格减半并不容易，更别说把它们降到原来的1/10了。但有一个可靠的模板能够帮助人们做到这一点。更妙的是，它在每个行业、每个地区都同样适用。价格简化不仅是对产品的重新设计，还涉及一个行业组织形式的改变，用专业术语来讲就是"商务系统再设计"。要让整个行业脱胎换骨是很困难的，但是就像我们在研究中展示的案例，要想变革一个行业，仍然有一种可靠的方法。

第二种策略是"命题简化"，它与价格简化截然不同，但同样奏效。它意味着要创造出一款如苹果平板电脑iPad（或过去10年间苹果开发的其他产品）、韦士柏踏板车、谷歌搜索引擎或优步乘车软件等实用、易用并有其独特吸引力的产品。使用命题简化策略的产品通常也很美观。

命题简化可以在一个领域中创建出一个前所未有的巨大市场。比方说，在iPad出现之前，并没有平板电脑的市场。与价格简化不同的是，命题简化的产品并不会在价格上有大幅下降，它们甚至开价更高。然而，命题简化的产品更加实用、易用，也更加美观，从而增加了产品的价值，也扩大了市场规模。当使用产品成为一种乐趣时，命题简化便真正发挥了作用。

与价格简化一样，命题简化也有一个通用的公式，后文将做出解释。

如果你是个急性子（性急在做生意时是个优点），想直接跳到我们的结论，就请直接翻到第四部分"简化的回报"，其中列出了我们的研究结果，并总结了我们最重要的发现。你可以先看这一部分，之后再阅读整本书。

对于更有耐心，喜欢按照顺序读书的读者（耐心在商业领域中同样也是一种美德），我们建议你从第一部分"伟大的简化者"开始从头阅读，这一部分介绍了十几位杰出的简化者。

第二部分"如何简化"将帮助你决定两种简化策略中哪一种更适合你和你的企业，并分别为两种策略提供模板。

第三部分，我们起了一个非常有趣的标题——"拯救恐龙？"，这一部分探讨了简化者对既定市场领导者带来的威胁，以及领先企业该如何保持领先地位。

第四部分"简化的回报"，着眼于简化者在各自领域获得的经济回报。这是由精英战略咨询公司 OC&C 进行的调查，该公司选择并分析了 12 个案例，每种简化策略各 6 个。然后，格雷格与我将解释为何这些公司会如此成功，以及这些案例彼此之间的相似性或不同之处。

现在，就让我们开启简化之旅吧！

第一部分

伟大的简化者

  首先,我们来看一看我们研究发现的一些简化的最佳例子。虽然近期就有很多优秀的简化案例,但我们也会介绍一些数十年前的成功案例。有些人可能会质疑"古老"的商业历史的价值,但我们正想反问:"我们在哪里才有可能找到那些对世界产生最深远影响的简化者呢?"诚然,有一些伟大的简化者就在当代,比如苹果、谷歌、易贝、亚马逊,还有我们相信不久之后也会加入这一梯队的优步。但其他的案例,比如福特与麦当劳,都创立于很久之前。正如我们将看到的,最有价值的简化者,往往都以高速增长的业绩表现证明了自己的地位,并且在数十年里始终名列前茅。他们的成功之道被新生代简化者效仿,而你也可以成为他们之中的一员。

第 1 章　将出行大众化的人

> 对做生意而言，平凡之道并非最佳之道。
>
> ——亨利·福特

这已经成为一段古老的历史了吗？如今，在商业领域几乎没多少人还能记起亨利·福特曾引起的轰动，即使在商学院，他的成功案例也鲜少被提及。然而接下来我们即将看到，福特的故事对如今任何有志向的企业家或高管而言都是无比珍贵的一课。

作为一名略有小成的企业家，亨利·福特在45岁时勇敢地做出了一项举世震惊的重大决策。这一决定不仅为他创造了巨大财富，更使他成为20世纪杰出的缔造者和当时享誉全球、最有影响力的人物之一。

他决定简化汽车，将汽车大众化。

福特在其自传中这样回忆这一转折点：

> 我想强调的是，对做生意而言，平凡之道并非最佳之道。我的经营方式已经完全背离了平凡之道，而我的公司所取得的一切非凡成就，恰恰是从这一转折点开始启航的。
>
> 我们始终恪守业内行规。我们的汽车没有其他汽车那么复杂，也不需要担忧外部资金。但除了这两点之外，我们与其他汽车公司并没有什么本质上的不同。

在灵光乍现的那一刻，福特面对的是上百家汽车企业的激烈竞争。他们的背景与日常活动大同小异：都有工程师，也几乎都有产品设计师；他们都是汽车爱好者，积极参加各类汽车比赛，并热切地关注着最终赢家；他们每天最多生产几辆车，然后卖给同一类型的客户，这也是当时唯一的汽车市场——有钱有闲的绅士们。这些公子哥大多是汽车迷，深谙他们爱车的驾驶与养护之道。尽管福特当时并非市场的领导者，却也是最大的生产商之一，每天大约能生产5辆汽车。

但是无论1908年的福特看起来有多平凡，他本人和他的观点总有一些奇特之处。他曾这样写道："从第一辆汽车出现在大街上那天起，我就意识到这是一种必需品。"这个观点在当时看来难免有些古怪，因为那时一辆汽车的造价要远远超过一名熟练技工的年薪。然而，福特是个执拗的人。即使整个汽车行业都在大力造车以供富人享乐，但他仍然坚持自己截然不同的观点。他的一番话曾让销售人员们惊惧不已：

> 我想为广大人民群众造一辆汽车，它的大小足够全家人使用，同时也适合普通人驾驶和养护。它将采用现代工艺所能做到的最简洁的设计，由最优秀的雇员和最好的材料来制造。但它的价格又非常亲民，所有拥有体面收入的人都能买得起，都能和他们的家人在广袤空间里共度美好时光。

福特说："这个美好的愿景让我有了追求的目标，我想要造出可以满足大众需求的汽车……年复一年，我的压力始终在于如何以更低的价格生产出更好的汽车。"

将汽车大众化的想法启发了福特。他敏锐地意识到价格就是关键所在。他相信，如果汽车造价够低，就会无比畅销。他给出了一些支持性的证据：1905—1906年，福特制造了两款车型，一款售价为1000美元，另一款为2000美元。那一年，该公司共售出1599辆汽车。第二年，他对这两种车型进行了简化，并大幅削减了价格："惊人的是，我最便宜的汽车才卖600美元，而最贵的汽车也只卖750美元，这使我们清楚地看到了价格的意义。这一年我们卖出了8423辆汽车，几乎是之前最高年销量的5倍。"

意识到价格可能是促进销售的关键固然很好，但福特是如何做到把价格降低至足以开拓一个全新的大众市场的呢？他最先想到的是重新设计产品，只生产一款标准化的简单车型。

> 因此，在1908年的某个早晨，我突然宣布，未来我们将只生产一种名为"T型"的汽车，所有车的底盘都是完全相同的……
>
> 新型号最重要的特征就是简洁。车内只有4个结构组件：动力装置、车架以及前后轴……作为设计者，我有义务让这一车型简单到所有用户都能轻易理解。
>
> 这一做法一举两得，想明白了这个道理，很多其他问题也能迎刃而解。图纸越简单，汽车就越容易制造，价格更便宜，销量也就越好。

因此，在10多年里，在变化与其他选择甚少的情况下，福特通过只生产一种车型大幅降低了成本。

福特同样也特别注意了制造汽车的材料。例如，他率先使用了钒钢，这是一项来自法国的发明，轻便而强韧，是客户心中的理想材料。最初需要解决的困难是在美国找不到一家钢铁制造商能够生产这种材料。于是，福特在俄亥俄州坎顿市成立了一家小公司，并自己承担了早期试验的费用。

正如他所说："第一次试验失败了，只有极少量的钒残留在钢材中。我让他们又试了一次，第二次试验成功了。"新材料的抗拉强度达到了170000兆帕，约为普通美国钢材的260%。钒钢减轻了福特汽车的大部分重量，减少了燃油消耗，而成本却比传统材料更低。

福特低价车的另一大支柱是一套全新的生产系统，它致力于大批量、低成本地制造车辆。他在底特律附近的高地公园建造了当时世界上最大的汽车制造工厂，这也是世界上最大的工厂，占地足足60英亩（约24万平方米）。自1910年元旦启用后，福特汽车的生产力有了显著提高："对比1908年与1911年……平均雇员人数从1908名增至4110名，生产的汽车从刚过6000辆增至将近35000辆。你会注意到，雇员数量与产出之间令人惊异的比例。"

然而，尽管福特在短短3年内成功地使人均汽车生产量提高了近3倍，同时他的生产成本也低于所有的竞争对手，但福特汽车生产的绝对效率水平仍然很低。真正的突破源于自主创新。因此，福特的生产经理设计了一套从批量生产转为持续移动的装配流水线。这一改变直到1913年才开始实行，也正是从那时起，福特坚持把所有的车都漆成黑色，因为只有日本黑漆的干燥速度才能赶上流水线的速度。

简化与规模化所产生的结果使T型车的价格在1914年之前降到了550美元，当年共售出了248307辆T型车。到了1917年，T型车的售价进一步降至360美元，销量则飙升至785432辆。1920年，T型车的销量已达到了125万辆。与1909年相比，T型车的价格降低了63%，几乎是该车型初代价格的1/3，而即使是初代T型车的价格本身也比它的竞争对手便宜了1/5。福特汽车的销量也因此增长了67倍。

和福特公司1905—1906年（简化战略开始的前一年）的销量相比，1920年的销量增长了约781倍。简化使得福特汽车更易生产，造价也更低。

而价格的降低对刺激整个市场以及提高福特公司市场份额而言都有着巨大的影响。1920年，福特的市场份额已飙升至56%，比排名第二、拥有5个不同汽车品牌的通用汽车高了将近3倍。无论是对比销售额还是所用资本，福特绝对都是当时世界上最赚钱的汽车公司。

即使是亨利·福特本人，也惊讶于低价带来的巨大需求量。将价格降至原价的35%～40%后，销量竟猛增700多倍。在本书中，我们将看到这一模式反复出现。真正的大幅降价对于销售量的影响总是被严重低估。降价与需求扩大之间的关系并不是完全成比例的。如果你把价格降低一半或者更多，需求量就会以数十倍、数百倍甚至数千倍的形式呈指数式增长。这正是我们最重要的发现之一——大幅度的削减成本是世界上最强大的经济力量之一。

亨利·福特是我们要介绍的第一位价格简化者。他的首要目标是极大幅度削减汽车价格，将其降至原先价格的一半。福特的成功案例完美阐释了成本与价格的降低并非一蹴而就，而是一个持续渐进、依托于无数巨大创新和微小改进的漫长过程。在福特的案例中，巨大的创新便是简化汽车型号、标准化型号与移动的流水线。不必一下子就把价格砍掉一半，相反，我们可以创造一个良性循环，首先减少成本，从而开拓一个更大的市场和提高市场份额，再通过扩大规模进一步降低成本和价格，从而进一步扩大需求量。然而，这一切之中最关键的还是实现能力所及的范围内最低成本与价格的坚定决心。

尽管福特实行简化的主要目的始终是降低成本，但他同时也实现了两个额外的目标——车辆的实用性增强（更强的使用性能）、驾驶和养护更容易（更方便使用）。T型车更好开的原因之一，是它使用了一种全新的、比之前更强韧而轻便的钢材。车身越重，其消耗的燃油就越多，因此福特汽车比其竞争对手更加经济耐用。根据福特的设计理念，汽车应该"操作越简单越好，因为普罗大众又不是汽车维修工"，同时他引入了一种"行星式齿轮变速器"，使得齿轮更易于更换，用户能够更易操控车辆。"任何人都能驾驶福特车"这一标语得以为人所熟知。由于车辆被简化为 4 个结构单位，因此修理或更换损坏的部件并不需要用户掌握特殊的技能。

所有这些设计上的变化都将低成本与更强的实用性和易用性结合在一起。具体来说，福特汽车车重更轻、驾驶与养护价格更低、更加坚实耐用，同时也更容易驾驶、养护与维修。

结论

- 根据 2008 年《福布斯》的估算，亨利·福特拥有 1880 亿美元的个人财产（以 2008 年的美元计算）。福特将其中大部分都遗赠给了他名下的基金会。同时，福特也逐渐形成了"福特主义"：大批量生产简单、设计精良的低价产品，并为工人提供一份可观的薪资。在 T 型车大获成功后，福特受到了美国总统的礼遇。
- 福特汽车公司成立至今，在包括亨利·福特本人和他的儿子埃兹尔等领导者的带领下虽曾历经经营不善，但至今屹立不倒。这家企业现已有超过 110 年的历史，目前市值为 590 亿美元，相当于自 1906 年以来每年的市值都以 10 个百分点的复合比率增长。
- 福特创造了一个巨大的全球汽车大众市场。
- 个人出行的自由性给大多数人带来了更大的自由，此前只有少数特权阶层才能享有自由出行。
- 福特是本书将会谈到的其他伟大的简化者的先驱，因为他们正是以福特的简化法为基础，建立起自己的商业帝国。

关键点

1. 创造一个巨大的新市场的方法之一就是简化你的产品，使其更易制造、成本更低，也因此更好销售。只有足够低的价格才能吸引这个新市场中形形色色的客户。

2. 要进行价格简化，你需要将价格降低至少一半。这并不需要毕其功于一役，但你要逐年降低成本与价格，降价幅度约为每年10%。

3. 从福特身上学到以下几点：

- 从首要原则开始，重新设计你的产品，减去那些不必要或花费过多的部分。
- 减少生产线的种类，可能的话，对单一"通用产品"实行标准化。
- 减少组成部分的数量。
- 去掉多余的装饰和不必要的选项。
- 使用与众不同的、新型的、更轻便的、更便宜的材料。
- 使用比你的竞争对手大得多的生产设备，大批量生产。
- 使工作人员的专业性得到最大限度发挥。
- 使任务自动化。

4. 如果你是一名价格简化者，削减价格便是你的首要目标。但是正如福特所做的，在不增加额外成本的条件下，你也需要提高产品的质量、实用性和易用性。

第 2 章　坐公交的亿万富翁

用简单的手段取得最好的结果。

——英格瓦·坎普拉德

英格瓦·坎普拉德的一生给无数的房间配置了家具。他白手起家，创立的公司，如今市值已超 400 亿美元。他之所以能有这一成就，依靠的正是简化。

宜家初创之时，英格瓦·坎普拉德只有 17 岁，当时的宜家还是一家邮购公司。5 年后，他开始售卖家具。据说，有一天在运货时，他无法将一张桌子塞进车里，一位朋友建议他把桌腿先拆卸下来。这让坎普拉德立刻有了将家具平整包装的想法。他意识到，一张桌子售价的一半其实都是运输成本。因此，如果他能说服顾客，通过设计便于组装的部件并提供清晰的指导，让顾客自己完成最后的组装，他就能将成本降低一半。想通了这个道理，坎普拉德茅塞顿开。

宜家的目标是以低廉的价格销售现代时髦的家具。1976 年，坎普拉德写下 *The Testament of a Furniture Dealer*（意为"一个家具商的宣言"）成为他公司的"圣经"，其中强调了宜家需通过简化以实现用竞争对手无法企及的惊人低价来提供家具商品。没错，宜家的商品看起来都不错；没错，它们应该尽可能赶时髦、高格调；没错，宜家很大程度上也继续沿袭了瑞典家具普遍质量一般的传统。但我们要知道，宜家秉持的理念是其商品的价格不应超过同类家具或家装饰品的一半，甚至最好只是 1/3。比方说，1996 年，宜家想以 5 克朗的价格出售一个杯子，其中大部分成本都来自运输，所以宜家想到把 864 个杯子都放在一个货运托盘上。但即便如此，运输成本还是过高，因此他们重新设计了杯子，使得每个货盘能装下 1280 个杯子。最终，经过进一步重新设计，宜家可以在一个货盘上放置 2024 个杯子，将运输成本降低了 60%。

宜家对于目标价格与经济实惠的执着，源于其创始人。直到今天，宜家的员工们仍对坎普拉德的一件轶事津津乐道。有一次，坎普拉德应邀赴一场盛大的晚宴，去领取年度商业人物的奖杯，但因为他是坐公共汽车来的，竟然被保安拒绝进入。

宜家为什么可以这么便宜？

这一问题的答案主要和运输成本有关。商店出售一张桌子或一个书柜至少需要运输 2~3 次：从工厂到仓库，再从仓库到商店，最后从商店运输到顾客手中。宜家则省去了大部分成本。通常情况下，宜家的商品只需经过一次运输，即从生产商到商店，且费用由宜家承担。而且因为商品都是平整包装的，它们在运输和储存上都要比组装好的家具更为便捷与低价。当然，这样一来，就必须有人把产品送到顾客家里进行组装。而这个人就是顾客自己！后文我们会谈到，为什么顾客乐于自己完成家具组装。

但首先，我们要看看宜家为了使其价格如此具有吸引力还做了哪些事。如果宜家所做的仅仅是平整包装家具，那么它就很容易被其他公司模仿。如今也的确有很多商家在出售平装家具，但还没有任何一个品牌能够成功复刻宜家的低价格、大规模与高成就。这又是为什么呢？

部分原因在于宜家在城市边缘建立的巨型商店。在有宜家经营的所有国家中，这些店铺的规模都比其竞争对手要大得多。还有一个原因是宜家管理其门店的方式。从创立开始，宜家的店铺面积就非常大，并且善于以一种新颖的方式吸引顾客驻足停留，宜家美其名曰"蜿蜒的自然之路"。在宜家，顾客会单向前进，就像漫步在主题公园里一样，逆时针绕着店铺走。店里有很多产品类别，但每一类别中的产品相对较少。要想买到心仪的商品，顾客必须在明确的指示牌、海报标语和设计精良、批量印刷的商品目录的帮助下自己挑选，而非像在其他家具店那样求助于销售人员。然后，将自己购买的商品放入购物车或购物袋内，结账后自己运回家。

因此，除了节约运输成本之外，宜家还为自己和顾客带来了5项额外的成本效益：

- 一站式购物。从床上用品、靠垫到艺术作品，宜家几乎囊括了所有家居装饰品类。这为顾客提供了极大的便利，也提高了销售量。
- 尽管空间很大，但宜家每家店的销售额都很高，同时由于选址都在城郊地区，因此建筑成本较低。
- 店里销售人员很少，所以销售人员的人力成本低。
- 通过限制每一产品类别的库存来实现库存商品的高销量。宜家的马克杯可能很便宜，但不要指望会有很多的选择。
- 通过先在少数门店试推广新设计，宜家能够分辨出哪些产品能够盈利、哪些产品不会，这样它就不会大量订购那些因卖不出去而不得不打折的商品（这是家具销售中一个棘手的问题）。

然而，这还不是全部。宜家简化战略的核心是一种完全不同的、整合行业的全新方式。宜家是一家零售商，但它也包揽了其大部分家具产品的设计工作，并且仔细挑选合作制造商，只让他们负责少数产品的大额订单。这极大地降低了家具制造商的成本，同时也提升了宜家的议价能力。制造商也成了宜家系统的一部分。

与传统的家具生产与销售模式相比，包罗万象的宜家系统要简单与高效得多。传统模式中包含了很多小型家具制造商，它们生产完产品后就卖给小型零售商，但要把产品运输到商店是一项艰巨的任务，有时是制造商用自己的小型运输系统处理，但更多时候主要是外包给第三方物流公司。在宜家创立之前，家具行业可以说是一团乱麻，所有生产、销售与分销这三个过程都高度复杂、规模较小，各个环节间的配合度也较差。

正如亨利·福特对汽车业做出的贡献一样，英格瓦·坎普拉德的出现重新定义了整个家具行业。两位企业家都各自发展了全新的商业系统，通过更低的价格和更高的性价比使其所在行业更加高效，顾客也能够获益更多。汽车与家具虽然分属不同的品类，但福特和坎普拉德的行为有相似之处。如果你有机会可以重塑你所从事的行业，你可以模仿这些行为：

- 产品设计简单，以削减不必要的成本。
- 每一品类只提供有限的选择，从而使每一条生产线都能制造并销售更多产品，继而使仓储成本大幅减少。
- 更大的规模。
- 在生产和配送等每一环节大量降低成本。在福特的案例中，这一点是通过增加生产线的方式实现的。而坎普拉德则是在他的工厂里引入了和流水生产线有异曲同工之妙的系统，那就是让顾客在店内或家里完成家具"组装"的大部分工作。
- 福特和坎普拉德的系统的魅力在于，它是独特的，无论对于他们自己的企业还是竞争对手而言都是独一无二的。当福特建造了当时世界上最大的汽车工厂，市场上就再没有空间让其他人效仿。当坎普拉德创办了宜家，就再也没有人能够复刻他的系统，因为无论是当地市场还是整体市场都不再有足够的空间。如果他动作太慢，有模仿者伺机创立一个类似宜家却比宜家更大的系统来超越坎普拉德，那他的公司或许就会失败，但没有人成功做到这一点。坎普拉德的全新商业系统的魅力就在于他把一切都整合在一起。一旦对手真正理解这一运作方式时，他们再想模仿就太晚了。

宜家是如何吸引顾客的？

如果没有顾客的支持，宜家就不可能赚这么多钱。那么宜家是如何成功让顾客们心甘情愿地完成了那么多艰苦的工作的呢？顾客们又为何能够忍受这些工作呢？

答案很明显，就是非常低廉的价格。宜家家具的价格还不到传统家具价格的一半。低价是宜家成功学的奥秘之一，却不是唯一的答案。

如果低价是宜家的唯一吸引力，那它就不会有这么多顾客了。如果你到宜家店里走走就会发现，那里不只有手头紧巴巴的学生和年轻新婚夫妇，也有很多衣着考究的有钱人。甚至不需要走进店内，只要在停车场转转，你就会看到不少沃尔沃、保时捷和宝马，有时还会看到宾利。但如果想要一探究竟，你可能还是需要走进店里。如果你仔细观察顾客们的购物经历，很快就会意识到，尽管宜家对它的顾客们要求很多，但它同时也给顾客们回馈了很多，提供了很多在传统家具店里无法体验到的便利。

首先，通过提供一站式解决方案，宜家增加了产品的实用性，提升了顾客的购物体验。去宜家购物可以作为家庭出游的上选，这里有托儿所、儿童游乐区和价格亲民的餐厅。在周末和节假日，还会有为孩子们准备的免费娱乐表演。

其次，宜家的商品蕴含着浓厚的艺术气息。我们把艺术定义为一切能够在情感上打动或吸引我们，并不可囿于实际经济用途的事物。宜家的产品设计精良，风格独特，正符合这一理念。

此外，宜家还为顾客提升了使用的便捷性。所有宜家商店都有着巨大的黄蓝相间的标牌，因此很容易就能找到。同时每家门店都有足够大的免费停车场。与其他家具店相比，宜家店内有更多的商品库存，并且绝大多数商品都可以立刻付款带回家，无须等待上门送货。

对很多顾客来说，除去低廉的价格，在宜家购物所能享受到的便利，抵消和弥补了其所有的不足（主要是所需的时间和精力）。但这正是英格瓦·坎普拉德的高明之处。如果你仔细研究一下这些非价格优势，就会发现它们的共性：它们要么成本很低，要么就是能够为宜家带来额外的收益。请几个杂技师或者魔术师平摊下来的成本并不高，但如果他们吸引了更多的家庭前来购物，那么这些家庭的消费完全足以抵消聘请魔术师的费用。经营餐厅也会带来利润。如果把孩子寄放在托儿所可以让一对年轻夫妇在店里多逛逛，他们就有可能会买下更多的东西。好的设计与糟糕的设计在成本上其实相差无几。指示标牌就好比一种廉价的广告，通常在宜家附近的高速公路或主干道就能看到。建造每个宜家商店的地皮往往都很便宜，通常都是在周边没有其他商店的地方，所以停车场的成本也不高。商店里库存很多，但由于客流量很大，所以货品的周转率实际上要比传统商店高。

在宜家为其顾客提供这些低成本、高收益的便利的同时，宜家选择故意不提供某些经典但往往是高成本的行业服务。比方说，如果宜家店内有很多高薪的销售人员到处晃来晃去，那人力成本就会严重侵蚀利润。如果家具不是顾客自行组装的，其成本将会翻倍。英格瓦·坎普拉德奉行的关键法则之一，就是"用简单的手段取得最好的结果……只有在了解成本之后，我们才会对某个解决方案真正产生兴趣"。

和福特一样，坎普拉德也是一名价格简化者。在价格简化中，一条常见的策略就是削减某些成本高昂的服务，并用大量低成本（最好还能带来高收益）的服务取而代之。这也正是宜家的做法。

首要目标是通过提供"廉价"或"免费"的好处，在吸引更多顾客的同时削减价格。这些好处可以归类为使用的便捷性、更高的实用性以及艺术性。这些策略给所有简化者都提供了可参照的模板，让他们能够为顾客构建出更低价甚至是免费的便利。简化者们其他的秘密武器还包括独创性、大规模、从客户角度出发看生意（宜家在这方面非常出色）、客户细分（仔细选择目标市场，了解范围内和范围外的人群），以及始终坚持砍掉一切会带来任何额外成本或干预业务系统、使其复杂化的非关键功能。

然而，从长期来看，对于任何一家简化企业的新系统而言，最大的考验就是它是否能够被竞争对手模仿甚至优化。如果这个新的商业系统足够大胆，如果它摒弃了客户甘愿以大幅降价来换取的传统利益，如果它提供的其他利益既便宜又新颖，那么它被模仿或取代的风险就会大大降低。市场份额为规避这一风险提供了最后的堡垒。就像宜家，如果你能够赢得相关市场（在宜家的案例中，这一市场是自组装家具）一半以上的份额，并且在规模上超过所有对手10倍以上,你的地位就有了保障,除非有对手找到了不同的方法可以使价格再降一半。但以宜家的例子来看,这几乎不太可能。

结论

- 宜家开创了平整包装家具的市场,为数千万顾客提供了精美、低价的家具。
- 宜家是世界上最大的家具零售商,在我撰写本书时,宜家年销售额在290亿欧元左右。在其核心的欧洲市场,宜家的规模比其最大竞争对手大了将近10倍。
- 在整个家具行业年增长率为2%的时候,宜家的年增长率为14%。
- 宜家的盈利水平很高,其营业利润率超过了15%,是行业其他成员的2倍以上。我们估计,宜家的市值有470亿美元。

关键点

1. 宜家证明,天马行空的想象力和正确的行事模板可以将价格降低一半以上。在宜家的案例中,这个比例大概是50%~80%。

2. 英格瓦·坎普拉德构建了一个全新的商业体系,该体系包括家具自组装、时尚的产品设计、占地面积庞大的商店、每个产品系列的巨大销售量以及对被纳入宜家体系的第三方制造商的控制。你能为你所处的行业想到一个新的商业系统,使你能够将价格降低50%以上吗?

3. 宜家将其顾客纳入生产和销售系统，说服他们做了很多工作。同样，你也可以思考，自己所在的行业在这一点上是否与之有相似之处，或者今后是否会出现这样的情况。

4. 顾客愿意买账不仅仅只是因为极低的价格，还因为宜家为他们提供了其他商家没能提供的购物优势和体验。你的公司或一家新企业，是否能够为顾客提供一些成本不高，可能还会增加利润、带来更多收益的便利呢？

5. 目前看来，宜家系统的地位还是不可撼动的，因为其市场份额和极高的销售水平至今都是其模仿者遥不可及的存在。然而，如若当时有一个思维敏捷的竞争对手能够快速模仿宜家的系统，并在瑞典之外的国家开始使用，宜家可能就不会有今天的成功。因此，如果你发明了一种有效的价格简化的方法，一定要在本土对手有机会模仿之前就抢占先机，在国际上大力推广。

第3章　食品装配线

> 设计师懂得，臻于完美之时，不是加无可加，而是减无可减。
>
> ——安东尼·德·圣-埃克苏佩里

麦当劳金灿灿的招牌最初是由三个男人打造的。如今，这一品牌形象早已风靡全球，有人喜爱，也有人厌恶。恰恰是出于同样的原因，简化策略对于服务业的产品同样有效。

1954年的一天，一位身体不适的52岁男子从芝加哥飞往洛杉矶。第二天一早，他驱车90多千米前往莫哈维沙漠。他的目的地是一座八角形的小楼，坐落于一个小镇的角落。这座简陋的小楼并没有给这位异乡人留下深刻的印象，他甚至觉得这和他之前听到的传闻并不相符。

但就在将近11点时，身着干净整洁的白衬衣与利落的长裤，头戴一顶小纸帽的员工们纷纷赶到这座小楼里。异乡人喜欢眼前所看到的一切。员工们开始把装满食物和饮料的手推车推进小楼里，他们的工作节奏很快，这让异乡人想起了野餐时围着食物忙忙碌碌的蚂蚁。不久之后，来就餐的车辆也陆续抵达，停车场很快就人满为患，窗口前顾客们甚至排起了长队。

这位调查者被眼前的景象深深触动，但他仍然心存疑虑。他也加入了排队的人群，排在他前面的是一名皮肤黝黑的男子，穿着考究。他和这名男子搭讪道："嘿，这地方到底有什么吸引人的？"

"你以前没在这儿吃过吧？"

"一次也没有。"

"好吧,马上你就会知道了。在这里,只需要15美分你就能吃上最美味的汉堡。更棒的是,还不用和要小费的服务员纠缠不清。"

异乡人离开了队伍,走到拐角处。他发现几个工人坐在树荫下啃着汉堡包。他走到一个穿着木匠围裙的工人面前,询问他多久来这儿吃一次午饭。

"每天都来,"这位工人一边狼吞虎咽,一边说道,"这可比老太太卖的冷冰冰的肉饼三明治好多了!"

这位异乡人就是雷蒙·克罗克,一位固执的饮料机推销员。在午餐高峰期过后,他向这家汽车餐厅的老板——麦克·麦当劳和迪克·麦当劳介绍了自己,并与他们相约共进晚餐。

当晚,兄弟俩简要介绍了他们的系统,这一系统简洁而高效,克罗克被深深吸引了。麦当劳[①]的菜单选择严格控制在9个品类以内,其中还包括了饮品。食物由牛肉汉堡或芝士汉堡与薯条组成。每一份汉堡都完全相同,用1/10磅牛肉以相同的方式烹制而成。在一家咖啡店,汉堡往往要卖到30美分,但在麦当劳只需15美分,就算升级芝士汉堡也只需再多花4美分。而最吸引人的还是炸薯条,一袋3盎司的薯条只需10美分。菜单上还有5美分一杯的咖啡、10美分一杯的软饮和20美分的一大杯奶昔。这些就是麦当劳的全部菜品了。

克罗克继续跟进了这个源于圣贝纳迪诺[②]的非同凡响却还不为人知的成功故事。麦当劳兄弟早在1948年就开始了他们的事业,当时他们把自己

[①] 此时,兄弟二人的店还不叫"麦当劳",名为"Dick and Mac McDonald"。1960年,克罗克将其更名为"McDonalds"。(编者注)
[②] 1940年,美国商人麦克·麦当劳、迪克·麦当劳兄弟在美国加利福尼亚州的圣贝纳迪诺创建了"Dick and Mac McDonald"餐厅,是今日麦当劳餐厅的原型。(译者注)

正在经营的烧烤餐厅改造成了一条灵活的流水线，他们称之为"快速服务线"。当时，最典型的畅销餐厅是那种提供数百种菜品供顾客选择的家庭咖啡店。而麦当劳兄弟由9项菜品组成的菜单却从未改变过，食物也一直以相同的自动化方式进行烹饪和供应，因此顾客点餐后马上就能取餐，食物到手还是热腾腾的。顾客点完餐就能结账，吃完后也会自行收拾干净。

所有的食物都很棒，薯条更是餐厅的亮点。但克罗克强调，最大的吸引力还是价格。在麦当劳吃一顿饭的价格只要咖啡店价格的一半，那么，麦当劳兄弟是如何做到这一点的呢？

与亨利·福特和英格瓦·坎普拉德一样，他们通过做减法来为其产品增添价值。通过减少菜品的种类，他们简化了采购原料、经营餐厅以及烹饪和供餐的过程。通过将整个流程自动化、鼓励顾客参与流程和生产流水线食物，他们减少了人力成本，将价格降到了普通咖啡店的一半。餐厅接待人数的水平也同样让人吃惊。雷蒙·克罗克到访的这家小店每年的销售额都超过了40万美元（相当于现在的400万美元），超过了如今任何一家更具规模的麦当劳餐厅。

通过大量采购牛肉和其他原料，麦当劳形成了一个良性循环——汉堡价格降低使人们的需求增长，这进一步提高了麦当劳的采购能力与间接成本覆盖率，使汉堡在降低价格的同时还能够保持更高的利润。即便最初规模尚小，只开了几家分店，但麦当劳仍拥有强大的购买力，这使它能够降低成本。这些麦当劳分店只需购买不到40种原料来制作它们的9种菜品，而不像当时其他的咖啡店，需要购买几百种原材料来制作菜单上的菜品。也正因如此，尽管麦当劳的销售额并没有比当地的咖啡店高出多少，但每家麦当劳分店在圆面包、番茄酱、芥末酱和一些其他配料上的集中购买力要强得多。

在亲历这一切后，克罗克嗅到了巨大的商机。同时他也意识到，要实现更低的成本和价格，就必须扩大经营规模，同时必须保持其原有的简洁性。在第一天与麦当劳兄弟俩共进晚餐时，克罗克告诉他们，在他向全美的餐馆和汽车餐厅销售奶昔机的这段时间里，他还没见过任何一家餐厅的系统可以和他们的媲美。但当他问及为何麦当劳还没开设更多的分店时，兄弟俩却沉默了。"我觉得我好像把领带掉进了汤里或是做了什么奇怪的事情，他们两兄弟就只是坐在那儿看着我。"

终于，麦克转过身来，指向餐厅背后的一座小山。那里有一座白色的大房子，有着高大而美丽的门廊，那是两兄弟每天欣赏日落的地方。他们热爱这里的平和与宁静，不希望这份宁静因为扩张事业而被打破。他们满足于现在拥有的一切。

但克罗克不能理解。他觉得两兄弟正坐在一座金矿上。如果换作是他，一定不会甘于现状……

那么在遇到克罗克之前，麦当劳兄弟已经取得了哪些成就呢？他们已经发明了一种产品，并证明了其潜力。他们重新定义了餐厅，证明了即使是最简单的快餐也具有经济性。对顾客而言，它的高性价比和吸引力也已基本定型。正如福特车和宜家家具一样，麦当劳最大的亮点是大幅降低的价格。最初悬挂在第一家麦当劳餐厅上方的巨大招牌这样写着："麦当劳招牌汉堡——一袋一袋带回家！"这句标语的左右两边是两个大写的"15美分"，非常醒目。

此外，麦当劳还有其他的附加利益（这一点也和福特与宜家一样）：

1. 实用性
   - 高品质的食物。正如雷蒙·克罗克所说："备餐的精简便麦当劳在每一步骤中都能专注于质量，而这就是秘诀所在。"

- 连续性与可靠性——一以贯之、保质保量的产品。

2. 艺术性

- 雇员衣着利落，制服干净整洁。
- 著名的金色拱门标志。
- 店面环境整洁，卫生情况肉眼可见。
- 麦当劳名气响，以及标志性的"M"招牌。

3. 使用便捷性

- 快速服务。
- 无需小费。

麦当劳兄弟还在加利福尼亚开了8家分店，在亚利桑那注册了两家分店，但这几家餐厅并没有采纳圣贝纳迪诺店的简化策略。据雷蒙·克罗克所说，"这两兄弟"在圣贝纳迪诺的这家门店，可以说是唯一一家"真正"的麦当劳餐厅。其他门店都在菜单中掺杂了比萨、墨西哥卷饼和玉米卷饼等菜品。在很多店里，汉堡的质量都无法保证，因为店员会在牛肉里掺杂切碎的牛内脏，这些混入的高脂肪原料会让汉堡变得很油腻。

而克罗克有着开一大批"真正"的麦当劳连锁店的愿景。他和麦当劳兄弟做了一笔交易，从而获得了新门店的特许经营权。1961年，他以270万美元（相当于现在的2100万美元）的价格买下了整个公司。

然后，他开始着手将麦当劳打造成一家大型连锁店。他创造了一种高品质的通用产品，并发明了一套无偏差的统一系统，使其能够做到在保持绝对控制和一致性的情况下也足够简单，可以供给数以千万计的企业家加盟使用。在克罗克简短的回忆录中，他花了整整12页的篇幅来描绘麦当劳薯条的魅力。他声称，所有竞争对手的薯条都无法与麦当劳相提并论。每一份麦当劳薯条都由麦当劳的员工怀着无比虔诚的态度制作而成，并且无论是在两兄弟经营的小店还是在他管理下更具规模的连锁店里，这份虔诚的心态几十年如一日，从未改变。

最初，在工业规模下保证炸薯条的质量是克罗克面临的最大的挑战之一。他曾描述道，1955年，他在伊利诺伊州的德斯普兰斯开设第一家特许经销店，却无法成功复刻麦当劳兄弟的炸薯条味道时的沮丧心情。他说，他的薯条和其他餐厅的或许差不多，却远远比不上加州的麦当劳薯条。他怀着极度郁闷的心情联系了麦当劳兄弟，但他们也不知道究竟是哪个环节出了错。直到土豆与洋葱协会的一名研究人员让克罗克详细描述在圣贝纳迪诺制作薯条的工序时，他才发现了突破口。原来，让薯条美味的奥秘就在于要将土豆储存在敞开的铁丝网罩箱里，这样就有足够的时间把土豆风干，将糖分转化为淀粉。在土豆专家的建议下，克罗克安装了一台巨大的电扇以实现自然风干的过程。这下就对了！现在薯条的味道完全和最初在圣贝纳迪诺的味道一模一样，而这样的工艺也完全可以被复制到所有新分店中。

克罗克还描述了他如何开创了一个能够为其顾客与加盟商带来持续稳定品质的独家系统：

- 不允许有任何改变的、始终如一的菜单。使用相同的方式以保证相同的食物品质。
- 干净整洁的卫生间、餐厅与停车场。整洁是克罗克所强调的四条原则之一，另外三条原则是品质、服务与价值。
- 餐厅不配备付费电话、点唱机或自动售货机。
- 创办"汉堡大学"，对加盟商和员工进行培训。

- 为加盟商提供简单的产品，以及合适的营业场地与经营资金。
- 保持良好的经济效益，缩小产品线，让最好的供应商为大量的麦当劳分店提供服务，帮助它们降低成本，例如进行大批量包装以及允许他们为每一站点运送更多物品。

就像福特和克罗克一样，商业人士在写回忆录时都会充分利用这个机会来宣传他们的产品质量。然而，很明显，克罗克、福特和坎普拉德都意识到，他们的系统的最大特点就是以极低的价格提供高质量的产品。在产品和制作工序没有变化的情况下，经营规模越大，价格就越低。而价格越低，顾客满意度、销售额、利润和公司价值就越高。克罗克连续19年将麦当劳汉堡的价格保持在15美分，直到1967年，美国总统约翰逊提出"伟大社会"（Great Society）计划，加上越南战争带来的通货膨胀，才迫使麦当劳涨价。克罗克无奈同意将汉堡涨价至18美分："如果从顾客的角度来看这件事，就像我的做法一样，我们会意识到每一分钱的重要性，顾客才是我们真正的老板。"这是每一位价格简化者奉行的信条。

谁创造了更大的价值？是麦当劳兄弟还是雷蒙·克罗克？这取决于你看待事物的角度。从财务上来看，克罗克创造的价值要大得多。但我们也可以认为是麦当劳兄弟创造了这种产品、方案、品牌、定价和系统。自1961年以来，他们经营的模板几乎没有任何改变。然而，模仿往往比创造更重要。在麦当劳的案例中，克罗克通过模仿创造了一家非凡的伟大企业，并将它推广至全球。在效仿麦当劳兄弟模板的基础上，雷蒙·克罗克还增加了一套简单、统一、高质量的连锁系统，能把模仿做到这样的程度着实令人惊叹。

结论

- 麦当劳是第一家创建流水线作业的餐厅，它通过提供有限但完整的餐食，重新定义了咖啡店。麦当劳的问世也让快餐店风靡全球。它创造了餐饮业的新分支，打造了一个全新的餐厅范本，给炸鸡、比萨和其他快餐食品提供了经营思路，这些成就综合起来创造的价值甚至超出了麦当劳餐厅本身。

- 截至1976年年底，麦当劳共拥有4177家餐厅。7年后，这一数字翻了一番，达到了将近8000家。雷蒙·克罗克在1984年去世前仍然奋斗在工作岗位上。如今，从巴拿马到俄罗斯再到新西兰，麦当劳在119个国家拥有35000家门店，每天为6800万名顾客提供服务。

- 1976年，麦当劳公司的收入（不包括特许经销商和分公司的销售额，只包含他们给麦当劳的付款）超过了10亿美元，税后净利润超过1亿美元。2014年，麦当劳收入为281亿美元，净利润达到88亿美元。如今，麦当劳市值935亿美元，是1961年克罗克从麦当劳兄弟手中买来时所花费用的34000多倍。相比之下，同一时期的标准普尔指数仅增长了25倍。因此，通过广泛运用麦当劳兄弟发明的配方，克罗克（和他的继任者们）将麦当劳的市值提升了900亿美元。如果当时遵从两兄弟的意愿，这一配方不能得到传播，麦当劳也无法取得如今的巨大成就。

关键点

1. 麦当劳又是一个价格简化的成功案例。简单的工序与流水线操作大大降低了生产的复杂性，使成本减半。你能在一个从未经历过类似情况的行业或服务中推行自动化吗？

2. 如果你在服务业工作，请记住，就像在生产制造业中工作一样，价格简化在服务业或零售部门也同样奏效。

3. 由于价格减半，只赚取较低利润，到了1948年，人们对于快餐汉堡的需求在世界范围内极速扩大。你能想到，现今还有哪个市场可以通过自动化和拉拢客户与加盟商将价格至少减半，像当时的快餐市场一样呈爆炸式增长吗？

4. 进行简化的公司再次创造了一种全新的、独特的商业系统，创造了同那些经营形势更复杂的餐厅完全不同的经济效益。如果你正在考虑简化价格，你将如何建立一个比目前市场上现存的任何系统都能创造更大利润的经济体系？

5. 麦当劳将超低的价格与更高的实用性（始终如一的高品质食物、为孩子们提供游乐区域）、艺术性（尤其是标志性的金色拱门和一眼就能认出的品牌名称）以及使用的便捷性（更快的服务速度）相结合。如果你做到以上这几点，会给你所在的行业带来哪些额外利益呢？

6. 在微观层面，麦当劳的成功配方是其两位创始人发明的，但将这一品牌打造成如今的快餐帝国的却是另一个人。他接管了这个系统，将其标准化后复刻到数以千万计的连锁店中，其规模之大，就连两位创始人也没想到。因此，你可以试着寻找一个现有的、规模很小却有潜力成为通用产品并有望在全球推广的简化系统。

第 4 章　战胜老大哥——1984 的真实故事

> 通过减少按钮，简化了设备；通过减少功能，简化了软件；通过减少选项，简化了操作界面。他对简单的热爱源自禅修。
>
> ——沃尔特·艾萨克森

这是一个关于一个人和一部机器是如何改变我们工作与娱乐方式的故事。这个人扭转时空、精简现实，坚持追求简洁与顾客至上，最终成就了不可能。

在第十八届超级碗比赛中，一则广告产生了前所未有的巨大影响。在一次触底得分后，大屏幕上立即出现了由《银翼杀手》(*Blade Runner*) 的导演雷德利·斯科特拍摄的影像。在城市荒地上，一大批光头青年正全神贯注地注视着巨大荧幕上的老大哥。但随后，一名身穿印有"麦金塔"字样的白色上衣的女运动员将对其穷追不舍的警察甩掉，抢着一把巨大的锤子将屏幕击碎，摧毁了老大哥。此刻响起了画外音，"1月24日，苹果公司将会推出麦金塔电脑。那时你就会明白，为什么'1984'不会沦为'《1984》'"。

这则广告只有短短的 60 秒，制作费却花了 75 万美元，播出费用更是高达 80 万美元。但从播出效果来看，这笔钱花得相当值。广告播出的当晚，3 家美国的主流媒体都对其进行了报道，带来了巨大的宣传效应。《广告时代》与《电视指南》都将它评为有史以来最伟大的商业广告。

广告中的"老大哥"无疑指的是IBM（国际商业机器公司），人们通常也叫它"蓝色巨人"。1983 年 10 月，《商业周刊》撰文称个人电脑的市场霸主之争"已然结束，在一场令人惊叹的闪电战后，IBM 在两年内占据了超过 26% 的市场份额，预计到 1985 年，增占至世界市场的一半份额。而另外 25% 的市场也将会是能与 IBM 系统兼容的电脑"。

1984 年 1 月 24 日，在麦金塔电脑的公开发布会上，苹果公司的董事长史蒂夫·乔布斯直接出言抨击 IBM。在细数这家更具规模的公司所犯下的种种"罪行"后，他的发言迎来了高潮："现在正是 1984 年。看起来，IBM 想要操控一切……它现在已经把枪口对准了它在行业内称霸的最后阻碍，也就是我的苹果公司。这个蓝色巨人真的能统治整个电脑行业或是整个信息时代吗？乔治·奥威尔的预言是正确的吗？"乔布斯的讲话让一众记者与评论员呐喊高呼。随后会场内又放起了那则广告，全场掌声雷动，经久不息。这是一场极具戏剧性的发布会，而发布会的主角麦金塔电脑，也是一台具有特殊意义的机器。

"1984"的沉淀与积累从 20 世纪 70 年代就开始了。微处理器让计算机的速度更快、价格更低，操作也更便捷，计算机技术也从那时开始悄然改变，迎来了一波简化的浪潮。1975 年，MITS 公司开发的"牵牛星"成为第一台大批量生产的个人电脑装备，与当时陆续出现的其他微型计算机相比，它的复杂程度要低得多，价格上也便宜不少。只需花费 495 美元，计算机爱好者们就能买到一堆零件，自己把它们焊接到主板上，当然也可以直接购买组装好的版本。可以说，这台最早的个人电脑非常原始。

史蒂夫·沃兹尼亚克就是这些狂热粉丝中的一员，另一位则是他的好友——史蒂夫·乔布斯。1975 年，他们开始着手研制苹果一代，这台电脑比"牵牛星"更先进一些，但仍然不够引人注目。很快，他们又开发了苹果二代，这台电脑要灵便轻巧得多。而第一台真正意义上的组装电脑是效仿了美膳雅的食品加工机，外壳是光滑简洁的环保塑料，插上电源、拆掉盒子就能直接使用。正因为它的简洁性，计算机首次成为一种大众消费品——消费者不用成为一名极客也能轻松使用。

乔布斯的传记作者沃尔特·艾萨克森说，乔布斯"热衷于为大众普及简洁明了的现代主义理念……他反复强调，苹果的产品必须明快、简约"。用乔布斯自己的话说，"我们要打造出亮眼、纯粹、有真正技术含量的产品……这就是我们的法宝。越简单越好……我们经营公司的理念，所设计的产品和广告最终都归结于此：把一切都变简单，真正的简单"。

然而，真正的突破并非苹果二代，而是来自帕洛阿托的施乐帕克研究中心的研究成果。1979年底，乔布斯和其所在团队受邀前去参观，此行让他们受益匪浅。在那时，所有的计算机都使用命令行操作，需要使用者具备一定的操作技巧，也没有用户友好的界面图像。但是，施乐的工程师们发明了"桌面"——一个可以同时显示多个文件与文件夹，并可以分别以图标表示的屏幕。通过使用一种名为"鼠标"的装置轻轻点击就可以进入你想要查看的文件。乔布斯被眼前的一切深深迷住了。"这就是我想要的！"他惊呼道，"我有了拨云见日的感觉，我看到了计算机未来的发展方向。"

1981年问世的施乐之星（Xerox Star）包含了以上所有功能。这也是第一台公认的现代个人电脑。但施乐之星的售价高达16595美元，只卖出了3万台。如果想掀起一场计算机革命，施乐之星还需要进行简化。

于1983年1月推出的苹果丽莎电脑（Apple Lisa），首次让用户能够在桌面上拖动文件，并在将其放进文件夹后流畅地滚动浏览，同时也首次实现了窗口重叠。通过乔布斯著名的WYSIWYG（What you see is what you get）——所见即所得，丽莎电脑让用户能够精确地复制屏幕上看到的内容。

一年之后，丽莎二代发布，售价为3495美元，价格约有施乐之星的1/5，但性能却大大地提升了。麦金塔电脑则更上一层楼，它售价仅为2495美元，不仅操作过程更加简单有趣，还包括一款优秀的图形软件包以及品种繁多的字体、文档、电子表格和其他模板。

事实上，第一台苹果电脑离完美还差得很远。它华丽的用户界面需要占用的内存非常大。然而，随着时间的推移，它也在不断改进，之后我们就会看到苹果电脑对于特定用户的吸引力——这些客户都富有创造力、热爱优秀的设计，这也成就了苹果电脑长期且巨大的商业成功。

但和之前的案例不同，乔布斯并不是一名价格简化者。他在苹果早期项目中结识的一位合作者，也就是命名苹果电脑的杰夫·拉斯金，是一位年轻、聪颖、极富主见的计算机专家。拉斯金想要发明一台能够走进每个家庭、为大众所广泛接受的电脑。这看起来似乎是个乌托邦式的荒谬念头，因为当时拥有电脑的家庭还不到百分之一。他理想中的电脑应该可以把键盘、屏幕和计算机本身合为一体，且售价在1000美元之内。如果乔布斯支持这一理念，苹果或许就会成为计算机界的福特汽车公司。如果乔布斯这么做了，他就成了一名价格简化者。但他却有不同的看法，正如沃尔特·艾萨克森所描述的那样：

> 乔布斯对拉斯金的愿景深深着迷，却不愿为了降低成本而做出妥协。1979年的春天，乔布斯告诉拉斯金要专注于打造他反复称之为"举世无双"的产品。"不要担心价格，只需强调电脑本身的性能。"乔布斯这样对他说。而拉斯金却用一张充满讥讽的便笺作为回应。

一场权力的斗争随之展开。最终乔布斯占了上风，拉斯金黯然离去。

1984年，苹果电脑的定价比竞争对手IBM高出25%。尽管当时购买IBM的人更多，但人们普遍认为其性能不如苹果。

乔布斯并不执着于价格，也并没有一心为他的电脑开拓更广阔的市场。他的简化策略更多是为了让苹果电脑成为用户心中最好的电脑。他制造了一台他自己想要使用的电子设备。他也并非完全没有商业头脑，他的简化策略让他的电脑更容易生产，因此也更便宜。而且与施乐之星相比，苹果电脑的成本低很多。但是，只有在不影响其主要目标，也就是创造一台最出色的电脑的情况下，他才会选择降低成本与价格。易用性、艺术性和实用性确实能为他的电脑增添使用乐趣，价格的确重要，但却远没有那么重要。自那时起，苹果公司产品的卖点就从来都不是价格。

因此，乔布斯就成了我们所说的第二类简化者中的第一人，也就是命题简化者，因为他一切压倒性的创新和优势都体现在对产品和服务的定位上，而非低廉的价格。用乔布斯自己的话说，苹果的产品必须是"无与伦比的"。而从我们的角度来看，一款好产品必须具备使用乐趣，必须拥有显而易见的"让人拍案叫绝的优势"。当乔布斯说出"产品就是一切"时，他代表的是我们将在本书中遇见的所有命题简化者。

福特、宜家和麦当劳的故事告诉我们，价格简化者给顾客带来的最大的好处是高达50%～90%的大幅降价。这对于价格简化者而言绝对是必不可少的。之后，我们也讲到了福特、坎普拉德和麦当劳兄弟在保证持续的绝对低价的前提下，也在尽力改进产品的易用性、实用性和美感（艺术性）。

对于命题简化者而言，情况则恰恰相反。他们的绝对优先事项不仅仅是提高产品或服务质量，而是使其有质的飞跃，让市场上任何其他产品可望而不可即。苹果的电脑、音乐播放器、平板电脑和手表都符合这一标准。

它们的产品定位要么是对现有产品做出巨大改进,要么是从零开始进行创造。这些产品必须好到无与伦比,为用户带来愉悦的使用体验。对于价格简化者,我们会将易用性、实用性和艺术性中的其中一项作为他们产品的额外加分项,但对于命题简化者而言,这三项优点必须要出现在他们的新产品或服务中。事实上,通常来说,至少要有 2 ~ 3 项优点。但无论他们的产品拥有这三项中的几项优势,他们都必须改变产品的定位。

在麦金塔电脑的案例中,这三项优势都尽数体现,而其中最重要的一项就是易用性。

1. 易用性
- 安装设置简单。
- 跳出当时其他电脑仍在应用的 DOS 命令系统。即使是 1981 年 IBM 推出的具有开创性的个人电脑,也仍在使用老式的命令行来驱动操作系统。
- 苹果电脑使用的 Mac 系统,具有图形界面的位图显示,操作更加清晰直观,对用户的专业技能要求也比 DOS 系统要少得多。

2. 实用性
- 具备在桌面上储存与访问文件的功能。
- 可以顺畅地滚动浏览重叠窗口。
- 新建文件,并能将屏幕上的内容原样打印出来。

3. 艺术性
- 有趣、直观的图标。
- 品种繁多的美观字体。

- 硬件设计简洁轻盈，和 IBM "枪炮灰"相比，更能吸引顾客消费。

这些特质，就是苹果电脑存在的理由。降价只是一个并不太重要的附加目标。事实上，大多数命题简化的产品与服务都以高出竞争对手的价格在出售，比如苹果电脑。

在设计丽莎电脑与麦金塔电脑的过程中，乔布斯的参考产品是施乐之星。他对大幅削减成本其实很感兴趣，但前提是成本的下降必须与产品改进并举。以鼠标为例，施乐之星的鼠标有 3 个按钮，滚动也不够流畅，但因为它功能众多，当时售价要 300 美元。因此，乔布斯委托设计公司设计出一个只有一个按钮，即使在粗糙表面也能顺畅滑动，并且售价只要 15 美元的鼠标。没过多久，他们就实现了这个目标。

乔布斯的主要目的并非重塑施乐的技术使其在商业上大获成功，他真正想的是超越施乐，让用户能够在桌面上任意拖拽窗口、将文件放进文件夹、自由地放大或缩小窗口尺寸，并且只通过图标就能完成这些操作，而不必在操作前选择一个命令。施乐之星无法做到的这一切，麦金塔电脑都做到了，而且做得更好。

哪一种简化类型更好呢？

这取决于：

- 企业家或是执行者想要做什么；
- 公司能够做什么；

- 竞争对手；
- 市场；
- 技术水平；
- 时间与地点。

从本质上来看，难以判定两种方式孰优孰劣。

价格简化的最大优势在于，它可以开创一个巨大的大众市场和一个至少在早期难以被模仿和超越，因此能够有效制胜的商业系统。价格简化者创造的销量最终很可能比命题简化者要高得多，因为后者取决于客户是否愿意为明显更优越的产品支付溢价。对命题简化者而言，他们面临的问题在于必须通过不断地创新和开发新产品来领先于竞争对手，否则他们就会失去市场份额，利润也随之下降。然而，他们也很可能会在任何特定市场中建立起一批极具价值的、从中端到高端的忠实拥趸。价格简化者则必须降低经验曲线，持续降低成本，并严格控制利润。相比之下，命题简化者有时可以保持丰厚的净利润，比如苹果公司的净利润率就高达40%，在撰写本书时，苹果也是全世界市值最高的公司。

计算机行业的历史表明，价格简化者和一个或多个命题简化者是能够共存，并且能在同一个广阔市场中各自大显身手的。但任何想在介于两者之间的道路追求成功的公司都注定失败。麦金塔电脑的市场份额从未达到过两位数，所以它从未"杀死"实力强大的IBM。微软复制了苹果系统的大部分功能，给IBM和IBM兼容机提供了帮助。直到1985年秋天，Windows1.0系统才问世，当时它还只是对麦金塔（甚至施乐）系统的蹩脚模仿。但随着时间的推移，二者的差距逐渐缩小，尤其是在1985—1996年间，乔布斯被逐出苹果公司后的那段时间，麦金塔软件获得的再投资非常有限。

即便如此,极简法则也注定了,IBM 并不是其与微软签订的浮士德契约中的主要受益者。在产品质量方面,IBM 持续被苹果电脑超越,继而把剩余的大部分市场份额输给了价格简化者,最初是康柏和惠普,后来是戴尔。作为一家企业,IBM 始终不愿成为一名简化者,对价格简化和命题简化不见分毫热情。在它还拥有计算机业务的那段时间里,它从未在电脑上赚到过钱,现金情况糟糕到整个公司几近倒闭。在 2005 年,蓝色巨人生产了它的最后一台电脑,并将其业务卖给了在中国的竞争对手——联想。

而勇往直前的"小苹果"又如何呢?在乔布斯离开的时间里,它在计算机市场的份额跌至 3%,但在 1997 年乔布斯重回苹果后又有了起色。这一次,乔布斯使产品线更加合理化,开发了让人印象深刻的新软件,并与公司新任首席设计师乔纳森·伊夫一起,锁定美国市场,在 1998 年发布了 iMac 台式机,大获成功。售价 1299 美元的 iMac 在头 5 个月就卖出了 80 万台,实现了苹果有史以来最高的出货率。在 21 世纪的前几年,Mac 作为苹果产品的核心,达到了全新的高度。历时 20 余年,命题简化终于获得了积极的成效。和亨利·福特的价格简化一样,乔布斯的命题简化也并非一蹴而就,自信与执着最终被证明和正确的策略同样重要。

结论

- 2000 年 5 月的股票市场上,微软的市值是苹果的 20 倍。10 年后,苹果超过了微软,再一年后,苹果的市值比其最大的竞争对手高出 70%。在我编写本书的时候,苹果的市值是 7420 亿美元。
- 2010 年,苹果电脑的全球市场份额只有 7%,却拥有该行业

35%的营业利润，比其他公司都要高。苹果创造并主导了个人电脑市场的尖端领域，并因此获得了十分诱人的回报。
- 如果没有苹果，如今的电脑就不会如此美观和易于使用，如今我们习以为常的桌面也不会成为电脑的通用特质。

关键点

1. 和之前讲到的几位价格简化者不同，史蒂夫·乔布斯是一位命题简化者。他的目标是创造"让人拍案叫绝"的产品。你更倾向于成为哪一种简化者的角色呢？你的公司又倾向于哪一种呢？

2. 价格简化者能够创造或开拓一个大众市场。苹果公司主要为中端与高端用户提供服务，这样的目标群体更愿意为更加直观、更实用并且更美观的产品支付高额溢价。你认为这一点在你的行业中可行吗？

3. 在同一个广阔市场中，价格简化者和命题简化者是可以和平共存的。二者都拥有其独特的客户吸引力和商业优势。价格简化者的优势在于拥有大众市场，而对于大多数命题简化者而言，其优势在于更高的净利润。你认为你的企业会更注重哪个优势呢？

4. 对简化者而言，最糟糕的结果就是像IBM一样游走在两种简化策略之间，既没有做到价格简化，也没有做到命题简化。若像IBM一样举棋不定，无论你的品牌多么具有标志性、名气有多响、初始用户群有多大、领导者多有智慧、公司多有钱，最终等待你的只会是衰败和倒闭的结果。这是你的公司会面临的危险吗？

第5章　战略简化者

战略就该正中红心。

——布鲁斯·D. 亨德森

战略简化者改变了商业世界。他们不仅催生了一个体系庞大、利润颇丰的咨询行业，还让年轻人以前所未有的速度学习商业知识，从而降低了首席执行官的平均年龄。他们还重塑了商业理论，将其牢牢地建立在经济、金融与营销理论之上。商业不再依赖于直观的判断，而更注重分析，如今这一过程虽然有些矫枉过正，但在当时却使资源得到更有效率的利用。

1985年，当我（理查德）在沃顿商学院攻读MBA时，我参加了波士顿咨询集团（当时还只是一家小型管理咨询公司）的面试，并询问他们的经营模式有何不同。我的面试官飞利浦·休姆回答道："基本上，我们有一个指导咨询模型。"接着，他解释了波士顿矩阵，以及现金牛、瘦狗、问号和明星。原来一个如此庞大而复杂的企业可以被如此简单的东西指导，而像我这样还未崭露头角的25岁青年也能为这样的大企业贡献自己的一份力量，我当即就被他清晰的回答和如此这般的美好前景深深吸引了。因此，当波士顿咨询公司对我抛出橄榄枝时，我立刻就接受了。

很快我就明白了，大规模的转型不仅仅是因为这个模型，更是因为波士顿咨询公司这家企业。1963年，布鲁斯·亨德森创立了这家公司。而此前顶级咨询业务都被麦肯锡包揽。当时麦肯锡是一家备受世人尊崇的企业，其最著名的咨询顾问是一位头发花白、经验丰富的咨询师，他总能给予企业经验与建议。事实上，麦肯锡出售的就是经验。

相比之下，波士顿咨询公司的卖点则是其凝练的智慧。它典型的咨询顾问就是一位 MBA 毕业生——年轻而充满智慧，时常让客户大吃一惊。麦肯锡倾向于聘请个人顾问或小型团队为客户提供服务，而波士顿咨询则为客户提供了一个简单、适用于任何企业或行业的模型。这个模型可以说是前所未有，简洁又蕴含了无数真理。波士顿咨询认为，做市场领导者好过做追随者，企业应该"利用经验曲线降价"，也就是说，追求更高的市场份额以降低成本和价格，从而处在成本比任何竞争对手都低的位置上。在这套模型中，最佳位置就是"明星企业"，也就是在一个高增长的市场中成为市场领导者。波士顿咨询声称，在产品的生命周期里，几乎所有公司赚取的所有现金都源于那些现在或曾经的明星企业。

巧的是，这一建议恰恰在很大程度上与价格简化者的策略不谋而合。

波士顿咨询的模型大大简化了对任何大型企业的建议。它告诉企业管理层和具体的运营人员到底应该怎么做，也就是专注于将企业打造为"明星"企业，提高其市场份额，降低成本，并通过低价给顾客带来更大的利益。

我曾目睹这些建议的有效性。这一理论的确存在一些危险和漏洞，但总体而言还是非常有效的，能够帮助公司规避一些代价高昂的错误，并引导其往正确的方向发展。对一个简单模型及其背后知识力量的信仰，在使用波士顿矩阵的公司中起到了激励与团结的效应。它提供了一种共同的交流语言与逻辑，从董事会到各部门与运营单位都能共享。人们相信市场份额、利润以及市值可能得到根本性的改善，这种信念令人振奋，同时也强化了存在于建议核心的经济逻辑。对理念（特别是正确理念）的信仰，能够创造巨大的财富。

波士顿咨询公司进行了简化，包括对公司本身以及客户的发展。

这是彻头彻尾的命题简化。波士顿咨询从未企图降低价格，事实上，它沿袭了市场领导者麦肯锡相当高的小时费这一规则。这是一项明智的策略，因为需要高质量咨询的企业对价格并不敏感。首席执行官与董事会只想要建议，并且也愿意为此付出高价。一个要价低的提议只会让咨询公司受到质疑。

那么，波士顿咨询公司的魅力何在？

1. 易用性
   - 此前，商业战略要么完全不被考虑，要么被认为太过复杂，无法简化为一个特定的模型。但现在，只需知道两个简单的信息，就可以确定任何一家企业的地位以及应如何应对其所处的位置：一个是其相对于最大竞争对手的市场份额，另一个是未来市场增长率。通过波士顿矩阵，企业能够实时估计其所处地位，日后也可以随时检验。这一模型既可供大企业董事会使用，也可供小企业单位的经理使用。它能够告诉每个人应该做什么。商业战略突然变得不那么神秘了，它现在变得容易理解，甚至还很有趣，而且比起以前的咨询沟通更为简洁、有效，也好记得多。
   - 原理简单，极易掌握并付诸行动。

2. 实用性
   - 这一建议非常实用，因为它本质上是基于简单而强大的微观经济概念之上的。市场份额很实用，因为它降低了成本。拥有比竞争对手更高的市场份额，就能实现降低成本、削减价格的目标，从而进一步提高市场份额。竞争对手的收益减少，对市场的兴趣也随之降低。如果价格能够保持得足够低，甚至可能把竞争对手完全逼退市场，提高领导者的市场份额。

- 波士顿咨询系统需要其作为高管的客户根据它所提供的理念进行自我思考，而不只是一味地听从专家的建议。对这些想法进行内化有助于计划更好地实施，也能够帮助企业在环境变化时随机应变地调整战略。

3. 艺术性

- 波士顿矩阵可以呈现丰富多彩、引人注目同时简单清晰的视觉效果，使得概念更加生动，更好地适用于客户情况。

- 波士顿咨询公司的理念优雅、简洁，这一点在一本名为"远景"的短小精悍的小册子以及在豪华酒店举行的CEO（首席执行官）会议上得到了相应的阐释。

波士顿咨询公司不仅简化了咨询"产品"，也简化了咨询过程。正因为简单，所以咨询专家的理念轻轻松松地就能传授给新员工。基于这些理念，咨询顾问并不需要拥有几十年行业内的工作经验。而新咨询师的薪资相对较低，因此简化也降低了人力成本，就像它通常做到的一样。最终，波士顿咨询比麦肯锡发展得更快，而且利润更高，因为它以更低的成本收取和麦肯锡相近的费用。

然而，讽刺的是，波士顿咨询用于自身商业和战略决策的模式和它一直宣传的并不同。用我们的话说，波士顿咨询认为每个企业都应该是价格简化者。这在很大程度上是正确的。但波士顿咨询本身，以及其他很多公司，却是在命题简化的模式下才得以成功运作的。①

另一家不得不提的命题简化者与波士顿咨询身处同一领域却有着不同定位的公司，就是贝恩公司。1983 年，它从波士顿咨询中分离出来，在创立之初一直面对着业界的冷嘲热讽。我于 1980 年离开波士顿咨询加入贝恩，惊讶地发现尽管这两家公司秉持着相同的理念，却有很大的不同。那时，贝恩的主张是极其创新、大胆而简单的。它简化了客户基础，也简化了自身的目标，并且持续简化了咨询过程。

贝恩公司与其他咨询公司都不同，因为它只为一家公司的首席执行官提供服务。即使在它还是一家小公司时，贝恩就一直这么做，这也巩固了其精英地位。它唯一的目标就是提高其客户公司的市场价值，从而获得自我成长。正确的战略会带来好的成果，贝恩承诺会制定出正确的战略，但企业只有在全心全意执行该战略的情况下才会产生积极的成效。而只有领导者才有能力实现这一目标，所以贝恩公司拒绝和除了领导者以外的任何人交流。

这一只面向领导者的定位无疑是简单而大胆的。"我们（贝恩公司）所拥有的先进技术和巨大的战略力量（请记住，那还是在二十世纪七八十年代），都只为您效劳。贝恩公司永远不会为您的竞争对手提供服务，在服务您的同时也会提高您个人及您公司的利益。在我们的建议下，您将会遵循正确的战略，成为最精明的领路人。因此，相信贝恩公司，请放心把业务交给我们！"

---

① 我们无意暗指 BCG 的领导人是虚伪的。其实，我认为他们并没想到这种差异，或者说他们真的把自己的公司当成了与客户业务相同意义上的"企业"。如果他们想到这一点，他们可能就会更早意识到，有两种客户和市场，每一种都需要不同的战略：一种基于价格和数量；另一种基于定位和利润。

但是，贝恩公司会持续要求客户提供回报。客户必须同意绝不与贝恩的任何竞争对手（包括波士顿咨询、麦肯锡等公司）合作，必须认真对待贝恩公司的建议。当然，由于贝恩的建议都基于数据和逻辑，客户可以对它们进行挑战或质疑。但除非客户能证明贝恩是错误的，否则就必须遵循贝恩的建议。此外，不得对贝恩的预算进行任何限制。如果贝恩公司帮助客户的企业实现了持续利润与市值增长，即客户在贝恩公司花的钱得到了很好的回报，客户就应该遵循贝恩公司提出的下一步建议。

所有战略的解释由贝恩公司全权负责。事实上，任何新战略或建议在首席执行官和董事会知道之前，贝恩就已经向所有人（从最低层到最高层的管理人员）概述了所有要点，并纠正了期间出现的错误，也在过程中和他人达成共识。这样为自身建议争取共识的过程，消除了管理结构中任何有话语权的"巨头"（比如某部门或区域的负责人）可能会出现的异议。因为贝恩公司坚信数据与分析是最重要的，即使领导者的直觉或个人利益与之不相符，也很难提出异议。同时，首席执行官相对于下级的权利也大大增加，使得领导者的生活更加简单而轻松。

我们可以由此预想到贝恩与客户之间日益紧密的共生关系，以及与日俱增的咨询收入。参与这一良性循环，也许还能因此变得富有，这可是天大的好事。

然而，贝恩公司的定位后来发生了变化，这让我感到非常遗憾。它的产品与服务变得更加广泛而多元，因为管理咨询市场爆发式增长，出现了大量细分领域。贝恩和波士顿咨询都变得更像麦肯锡一样，变成了一个专家大卖场，而不再是"单纯"的战略提供者。20世纪70年代，麦肯锡曾赞助波士顿咨询大举进入市场的策略，但如今，波士顿咨询却是盛名之下，其实难副。

贝恩公司最初的战略很简单，因为它打破了公司内部的一切企业政治。公司高层与贝恩公司的利益完全一致，这提升了双方的实力。对首席执行官来说，聘请贝恩咨询是一种愉悦的体验，因为：

1. 易用性
   - 首席执行官的生活变得简单很多。他现在拥有能够打动董事会的一流战略眼光；他知道要做什么，拥有了完全脱离组织内部、值得信赖的知己与咨询师，还拥有了所有可能需要的数据与分析来说服别人做他想做的事。他可以非常自信地说，除非发生无法预见的灾难，否则他的任期将会非常成功，他的选择也会创造价值。
   - 首席执行官的权力及其强制实行彻底变革的能力大大增强。
2. 实用性
   - 贝恩公司在为客户提升市值方面极有成效。
   - 贝恩的工作程序唤起了管理人员的巨大能量，并将其凝聚成一股力量。一位资深经理形容在他的企业内部工作的贝恩顾问："他就像核反应堆一样，掀起了一波又一波投入与振奋人心的浪潮。"
3. 艺术性
   - 贝恩公司的合伙人对首席执行官们宣传自己的产品与服务是原创的、巧妙的并且有效的，基本上来说，这些都是符合实际的。艺术性在原创性上体现得淋漓尽致，首席执行官们先前从没听到过类似的言论。

二十世纪七八十年代，贝恩公司的增长速度远远超过其恩师波士顿咨询，盈利能力大增。如今，它拥有超过6000名员工，而波士顿咨询也只有9700名员工。现在，它们是世界上最为知名的三家咨询公司之二（另一家就是麦肯锡）。

对于从未和"战略顾问"打过交道的人来说，他们或许难以理解波士顿咨询与贝恩公司之间的差异。然而，尽管这两家公司在工作中使用了相同的知识材料，但其行为方式差异之大却令人震惊不已。这是两种截然不同的业务系统。它们的销售方式不同，选择与招揽客户的方式也不同，公司内部的工作方法以及和客户互动都有很大区别。自那时起，无论何时，每当我能够观察到同一领域的两个竞争对手时，我都会特别关注二者的细微差别，也正是这些差别能够让它们以不同的方式参与到"游戏"中。这对两家公司来说都是有利的，因为这使它们之间的竞争可以不必那么激烈。如果差异很大，就像波士顿咨询与贝恩公司那样，那么它们就并不需要进行正面竞争，每一家公司都能够在它的细分市场范围内占据主导地位。

这就是命题简化的运作方式——两家公司，比如波士顿咨询和贝恩公司，都有可能发展出自己专属且独特的定位。此外，以前命题简化者获得的成功并不能阻止其他公司发展其新定位，这种新定位可能（实际上也应该）可以吸引到不同的顾客群，而这些顾客群是由命题简化者根据自己的新公式重新定义出来的。在一个明显的单一市场内，可能存在多个命题简化者，这与价格简化形成了鲜明的对比。价格简化策略中，企业要在市场中占最大份额，其配置业务方面的自由度通常较小。比如，如果你想廉价制造汽车以与福特竞争，你就必须像福特一样，拥有巨大的工厂和一条移动流水线；如果你想出售低价家具，你就必须委托相对较少的供货商制造，用平整包装的方式运输，并在巨大的郊区门店里储存。换句话说，你的商业系统必须与宜家一样。对最低成本的通用产品与商业系统的追求，往往会得到类似的答案。由于企业的目标是大部分市场，所以在细分或差异化的方面较薄弱。任何想要寻求低价策略的公司，都可能会创造出类似的产品与系统。

因此，当一名价格简化者创造了一个大众市场时，它往往会使现有市场的划分体系崩塌，或者会大量削减市场中其他参与者的销量。只要有一个新的大众市场提供最低的价格与最高的价值，其他细分市场就可能会衰落或消亡。麦当劳发明了汉堡汽车餐厅，使该市场呈指数级增长，而家庭咖啡店和卫生条件堪忧的廉价咖啡厅却遭遇了经济的寒冬；廉价航空创造了一个大众市场，传统的全服务型航空公司就失去了市场份额。这对宜家或是其他价格简化者来说情况是相同的。它们瓜分了一些传统竞争者赖以生存的氧气，因为价格是强有力的武器，并会随着时间的推移变得更加强大。规模优势随着领导者的商业体系扩张到全球而与日俱增，领导者与其他竞争者之间的成本优势差距也在扩大，让其他竞争者望尘莫及。如果企业经营得好，领导者会随着时间推移占据更大的主导地位。这就是为什么我们介绍的许多价格简化者几十年来依旧非常成功。

命题简化者的模式却截然不同。它们没有刻意减少或消除与竞争对手的差异，而是不断增加与他们之间的差异与距离。即使新的细分市场可能会被叠加到现有的市场上，但有时对老牌公司造成的损害也微乎其微。波士顿咨询公司并没有真正对麦肯锡造成损害，事实上，它为这家曾经的主导企业创造了一个新市场——战略咨询市场。同样，贝恩的成功也并不意味着波士顿咨询的衰落。当价格不再是关键的购买标准、当对手之间的价值难以比较、当新企业能找到新方式吸引新的特定客户群体时（如贝恩只为大企业的首席执行官提供服务），新的命题简化者的到来也许能够扩大市场，提高利润率，这意味着市场上有足够的空间让多个成功的企业百花齐放,而非只允许一枝独秀。

但事实并非总是如此。当一名命题简化者提出一个明显更优越的公式,一个能够吸引之前主流市场的大部分参与者的公式时,就可能会击溃大多数传统竞争者。优步就是一个典型案例,智能手机也是如此。尽管智能手机比之前的非智能机要贵得多,但它们实在是太吸引人、太方便、太实用了,新的应用程序源源不断地被开发出来,已经将市场完全改变了。而最终的结果就是,在开发智能手机方面进展缓慢的诺基亚夹在苹果与三星之间,不堪一击。

到目前为止,我们可以得出结论,对以前的细分市场造成最大破坏的两股力量就是价格和科技,它们可能会消除市场细分,而非创造新的细分市场,也不会让现存市场安于现状。而当科技与免费这两股力量结合在一起,应用在一项服务中时,比如谷歌,其对于传统市场(在本例中,指的是纸媒)的打击将会是毁灭性的。

结论

- 1963 年,麦肯锡在为顶级公司提供董事会咨询方面处于垄断地位。20 世纪 70 年代初,波士顿咨询在这个利润丰厚的市场成为一名不容小觑的竞争者,而贝恩公司则在 70 年代末期也赶上了这趟财富列车。在此之后,尽管一众高质量"小而精"的竞争对手源源不断地涌现,但这三家公司仍然是最负盛名的咨询公司,并将自己打造成了全球品牌。
- 自 1963 年以来,董事会咨询和战略咨询的市场(后者是前者的一个重要分支)得到了迅猛增长。据最大胆的估计,从那时起,全球市场保持着每年 16% 的增长率,这意味着如今这一市场已经扩大了 2000 倍。2013 年,麦肯锡的收入为 78 亿美元,拥有 17000 名员工。2014 年,波士顿咨询公司报告的收入为 46 亿美元,员工总数 9700 名。贝恩公司没有公布其收入,但它拥有 5400 名员工(和波士顿咨询公司相比,根据员工比例进行收入预测,预计收入为 26 亿美元)。对于 20 世纪 70 年代更像是家庭作坊的这三家企业而言,这些数字足以令人震惊不已。此外,这三家公司的盈利能力也同样惊人,销售回报率介于 15% ~ 40% 之间。所有的扩张都是有组织、有计划地进行的,无需任何外部资金。

关键点

1. 命题简化往往是服务行业的一个巨大机会。如果简化可以增强实用性、易用性和艺术性,那么利润扩大的同时,收入就能成倍增长。

2. 命题的价值可以通过简化而大大提高。它所需要的只是足够的想象力与同理心,和一种设身处地为对价格不敏感、想要获得最大盈利的客户着想的能力。

3. 虽然在任何给定的市场中,只能有一个成功的价格简化者,但可以同时存在不止一个命题简化者,它们每一个都拥有不同的定位。你能够想到一个定位,能够让你开辟全新市场、为新的目标客户提供具有更高易用性、实用性和艺术性的服务吗?

现在,是时候来看看三个近期的简化案例了。它们都以互联网和智能手机作为平台,提供了全新或较之前有所改进的服务。

第 6 章 出租车！App 的美丽新世界

如果一样东西还没被打破，那就去打破它。

——理查德·帕斯卡莱

一些有意思的事正在悄然上演。优步（Uber），世界上最大的出租车公司之一，却连一辆车都不曾拥有；脸书（Facebook），世界上最受欢迎的媒体所有者，自己却不产出任何内容。阿里巴巴（Alibaba），世界上市值最高的零售商，却没有一点儿存货。爱彼迎（Airbnb），世界上最大的住宿供应商，自己却没有一处房产。

——汤姆·戈德温

本章中，我们将进一步研究命题简化的三个实例。这些例子现在看起来都如此明朗，以至于我们会奇怪为何它们在早几年没有出现。命题简化可以让生活更加轻松愉快，也可以帮简化者赚取更多财富。或许简化的价值和做法才刚刚开始被世人理解。又或许，互联网和相关技术正在把简化变得更简单，几乎一夜之间就能在市场中掀起一场革命。

优步与便易出租车（Easy-Taxi）

如果你住在巴黎或其他大城市，打车就可能会成为你的噩梦。巴黎严格的管理制度意味着司机必须为他们的"营业执照"支付成百上千欧元，这也意味着打车的费用十分昂贵，特别是在出租车数量被刻意控制在需求水平之下的时候。因此，在深夜或是周末，又或是下大雨的时候，往往叫不到出租车。不仅如此，由于对路线不熟悉，司机经常要停下来问路，所以你永远都不知道车费有多高，也不知道能不能一路通过风景优美的观光路线到达目的地。

然而，自2009年开始，这个古老的系统，还有世界各地与之类似的打车系统，都开始逐渐消亡了。美国的一些大城市，还有越来越多其他的地方，从伦敦到新加坡再到班加罗尔，你可能已经注意到了由优步打造的美丽新世界。只需安装一个智能手机的应用程序，输入信用卡信息，下次你需要打车时，打开应用，输入出发地点与目的地，你就可以知道出租车还有多久能够到，并会在司机抵达的前两分钟收到短信通知。来接你的车通常比传统的出租车更加干净整洁。车里都配备着导航系统，所以司机通常都知道怎么走。当你到达目的地时，车费会从信用卡中自动扣除，你也会收到电子账单，因此不需要携带现金。如果车费需要和其他乘车人平摊，你也可以和朋友们平分费用，也不需要另外给司机小费。乘车结束后，你可以给司机评分，也可以在乘车之前查看司机的评级。如果你给一名司机只打了三星，就可能会收到客服中心人员打来的电话，询问是哪里出了问题。你更不用担心乘车的安全问题，因为优步的每一名司机都登记在册，每辆车都会被追踪。优步鼓励司乘之间相互尊重，因此你和司机互相知道对方的名字。

优步对司机来说也很友好。他们也可以为乘客评级，还节省了不少在街上兜兜转转寻找乘客的时间和精力，增加了实际接送乘客的时间。一些司机认为，优步让他们的潜在收入持续增长。

优步的费用或许比普通出租车更便宜（视位置而定），但优步的最大优点在于它的定位，而非价格。它通过简化策略为顾客提供了三种利益：

1. 易用性

- 简化了打车过程，不必招手叫车、不必电话预约、不必费力搜索。
- 降低了出租车到达时间与车辆类型的不确定性。
- 简化了支付过程，整个流程无须现金。
- 无须支付小费，当然，在无现金系统中想付小费也不可能（除非是现金支付）。
- 让同车乘客分摊费用更便捷。
- 价格透明化，精确估计行程费用。

2. 实用性

- 车内配备追踪系统，保证途中全程安全放心。
- 每一趟乘车都能为司机与乘客评级，提高乘车质量。
- 可应用范围广——仅一个应用就可以在全世界大部分主要城市使用。
- 随叫随到，节省司乘双方时间。
- 自动向乘客发送电子账单。
- 从普通到豪华车型，任君挑选。

3. 艺术性

- 比传统出租车带来更好的乘坐体验。

总体而言，乘坐优步出租车是一种享受。

该系统本身非常简单，对公司而言更是如此。优步自身并不拥有车辆，它只扮演中介的角色，通过科技手段将司乘相连，然后从每笔交易中抽成。

2009年，优步由首席执行官特拉维斯·卡兰尼克与加勒特·坎普在旧金山创立。他们设计了一款应用程序，使系统能够成功运作，并在旧金山雇用了司机，在2010年发布了网站。自那以后，优步的业务逐渐扩展至全球250个城市。它只受制于为保护传统出租车司机利益的法律与监管的约束，以及率先占领某些城市（比如说伦敦）的少数模仿者。虽然监管问题是一大阻碍，但这种全新的打车模式还是给传统出租车公司带来了毁灭性的打击。

如今，优步的业务已如日中天。尽管起步时资金甚少，但在2014年5月15日，《金融时报》报道称，优步已经以100亿美元的估值筹集了10亿美元的资金。7个月后，优步又筹到了12亿美元，而公司的估值则又高出4倍之多，达到了410亿美元。2015年5月，优步再次被报道已筹集了15亿～20亿美元资金。彼时其估值已经增至500亿美元，2015年11月，这一数值据说已高达700亿美元。

这些估值令人印象深刻，但优步的业务增长速度更是令人震惊，这也是它能够筹集到如此巨额资金的主要原因。有估计称到2015年年底，优步将实现每年100亿美元的价值增长，它将从中抽取20亿美元的佣金。对于一家只成立了6年的公司来说，20亿美元的净收入绝对非同一般。

优步是命题简化最显著的新案例，因此它值得我们细细推敲。当然，优步也拥有其他命题简化者的部分特征，但同时它也揭示了命题简化能在今天奏效的理由。

此外，优步如何实现其早期成长也同样值得深究。2011年9月，优步公司的一篇博文这样写道：

优步在营销方面几乎没花一分钱,基本上是完全靠大家口耳相传。我说的就是那种最老派的口耳相传,比如在办公室饮水机旁、在餐厅买单、在朋友的聚会上听到"谁叫优步回家?"的时候。我们有95%的用户都是从其他优步乘客那里听说我们的。我们扩展业务的速度可以说是史无前例的。我们每提供7次用车服务,我们的用户就会为我们带来一名新乘客。想象一下,如果推特(Twitter)上每发7条推文就带来一位新用户,这会是怎样的情形呢?

在一个紧密联系的世界里,一种真正吸引人的定位,即使只通过最古老的口耳相传也能以惊人的速度进行扩张,这也正是分析师和旁观者习惯性低估简化者增长速度和其潜在规模的另一原因。

但是,好口碑只是优步成长潜力大的原因之一。有其他数据表明,优步不仅在占领越来越多的市场份额,同时也在扩大市场规模。特拉维斯·卡兰尼克在2015年年初曾表示,旧金山的传统出租车市场每年总收入约为1.4亿美元,而优步在该市的总收入现在已达到每年约5亿美元,比传统市场高出将近3倍,这样的增长还会持续数年,很快它就会比传统市场高出10倍。

可即便如此,优步的发展潜力还是被低估了。如今,它已不满足于单单提供出租车服务。它正在积极尝试转型成为一个能提供更广泛物流服务的公司,包揽个人定制运输、拼车、个人物流等业务,比如送货、接孩子上下学、汽车更换甚至是商业物流。它当然有潜力在这些领域里分一杯羹,这样也能扩大市场规模。

如今,优步载誉而归,或许有人会得出结论,一旦优步进一步优化其服务,它就会战无不胜。毕竟,优步创造了一种颠覆性的体验,从根本上简化了出租车的定位；它拥有非常直接的收入模式，能够从每笔交易中赚取丰厚的分成；客户们也似乎很乐意花大力气吸引其他顾客前来使用，因此也没必要在营销宣传上投入过多。此外，正如我们在旧金山所看到的，优步在扩展到其他数百个城市之前，仅仅在这一座城市里，就开展了好几百万美元的业务。

因此，我们或许会问，为什么优步还需要筹集数十亿美元的资金？为什么它不能通过自己迅猛增长的现金流来资助自身的发展呢？难道最初的命题简化理念还不足以让其成为常胜将军吗？

答案是，成功并不是确凿无疑的。公司在2014—2015年筹集的资金可能是一个关乎其存亡的决定。优步的服务具有哪些特质、它如何在市场上运作，这些都是亟须公司领导者解决的问题。目前，他们面临着3个尤为艰巨的考验。

首先，优步所提供的基础服务是能够通过很低的成本轻易复制的。可以想象一下，如果你要成为能够与宜家实力相当的对手，你需要做些什么。比起招募几个优秀的程序员来开发一个应用程序和支持系统、组织几百名司机，或是宣传你的新租车服务，和宜家竞争显然要困难和昂贵得多。因此，很少有公司试图复制宜家的模式，但优步已经在世界各国被复制了数百次，很多时候这些模仿者的初始投资还不到100万美元。这一点非常重要。所以要想获得长期的成功，优步必须以惊人的增长来压制其对手。而这一指数级的增长已越来越关键，因为其中有一些对手已经拥有了雄厚的资金支持和走向全球的野心。

一个典型的例子就是"便易出租车"，这是扎姆韦尔兄弟对优步的复刻。它在30多个国家运营，其业务主要分布在拉美、中东、非洲和亚洲。在撰写本书时，便易出租车已筹集到770万美元资金，而且这还不是优步的竞争对手中筹措资金最高的，但便易出租背后的运营者却使其格外引人注目。

奥利弗·扎姆韦尔、亚历山大·扎姆韦尔和马克·扎姆韦尔是德国火箭网的创始人，他们成功地将从别处复制来的优秀理念转化成一种艺术形式，在美国收集各种新鲜理念，然后在同一时间将其推广到许多国家。很少有初创企业能够直接将自己的产品推广至多国，因为它们无法创建所需的管理基础设施，也无法像火箭网一样，在紧迫的时间里吸引大批投资者群，来为其扩张的野心提供资金支持。（扎姆韦尔兄弟将对产品与定位构想以及概念的市场验证留给了其他企业家，自己则强行运用营销这一理念。）他们只专注于一项技能，那就是在任何他们确定有吸引力的开放市场上，尽可能快速高效地建立和推出这一商业系统。

虽然这种策略或许有违创新意识，但我们无法否认其有效性。火箭网于2014年10月上市，估值为67亿欧元。招股书上列举了它所投资的61家公司，其中11家是"公认的赢家"。对于那些批评火箭网缺乏创新的声音，奥利弗·扎姆韦尔回应："在互联网业务中，有爱因斯坦，也有巴布工程师。我就是这样一个勤勤恳恳、普普通通的巴布工程师。"

其次，优步面临的第二个威胁是其竞争对手不仅挖走了有价值的客户，还在不断地优化自身服务，这无疑会削弱了优步的服务特性。想象一下，在一座城市的通勤时间里，有5家相互竞争的出租车公司，每一家都有200辆车。再想象一下，同一座城市，一家出租车公司有600辆车，而另外4家各只有100辆。在后一种情况下，打大公司的车所需的时间始终都会比小公司更短。它能够优化其接送网络的效率，从而提供更优质的服务。这是非常强大的网络效应，对一家大规模公司很重要，而其他始终比市场领导者规模小的公司则会将自己置身于危险境地。

最后，优步不得不面临这样的问题，即其业务必须在起步阶段专注当地市场，在每个城市都应如此。为实现更优化的接送服务网络，同时避免成为追随者而处于劣势，优步必须在全球数百个城市同时推出其业务，以抢占先机。这种快速推广的策略也给公司带来了另一优势——由于优步已在这么多城市都建立了业务，其客户很快就会意识到，无论他们身处哪一个国家、哪一座城市，都可以使用同一个打车软件的好处。因此，比起单单在某一城市取得主导地位，对手们的竞争难度和成功条件都变得非常高。

所以，优步的成功并非板上钉钉，它迈出的每一步都必须战战兢兢、如履薄冰。2014 年 8 月，《华尔街日报》用大量篇幅报道了优步的竞争者 Lyft（来福车）——一家成立于旧金山的小型企业，并宣称："忘记苹果与谷歌之争吧，科技资本领域最激烈的斗争，或许就会出现在这两家资金雄厚的新兴企业之间，他们正谋划着摧毁彼此，也谋划着摧毁整个出租车行业。"优步迅速对其服务进行了调整，以遏制 Lyft 的快速发展。优步最初提供的是优质的城市汽车服务，但它很快调整了其业务模式，开始提供更符合大众市场的中档汽车服务，以应对 Lyft 的初始定位。有关二者激烈竞争的逸事不绝于耳。Lyft 控诉优步挖走其司机，破坏其网络增长；两家公司都谴责对方派人叫车后又取消，干扰正常的用车服务。优步对于监管机构和不甚明确的立法也同样采取强硬态度：首先进入市场，再与监管者和解调停。而且优步不再仅靠早期的口碑营销，开始花大价钱聘请司机，并在各地大力宣传其服务。

正如我们所看到的，优步始终都是一位能力惊人的筹款者，也是一位不容小觑的竞争者。当你决定在横跨五大洲的 250 个城市中开展业务，并同时与十几个背景雄厚的当地竞争者决一死战时，管理与执行的难度就会大大增加。在这种情况下，筹集大量现金的能力就成了企业强有力的竞争武器。这种情况可能会持续相当长的一段时间。优步已经证明了在运输与物流等行业中，命题简化有意想不到的盈利机会，它在市场中发现了一类非常与众不同的对手。例如，2015年2月，彭博社报道："谷歌正在开发优步的竞争者，这两家公司将在自动驾驶出租车领域开战。"报道称，因为谷歌计划长期开展自动驾驶业务，所以对"城市内部交通模式的大量数据"很感兴趣。在我们可预见的未来，这一领域的发展仍将引人关注。

就像车轮、蒸汽机或是半导体一样，科技的进步能够解决许多问题，使产品应用于诸多市场领域，从而触发多领域简化的爆炸式增长。互联网及其通过智能手机的移动拓展，无疑是当今最强大的简化技术，因为它们能够在全球范围内为数十亿客户创造巨大的机会。现在，我们就来看看由这些新技术发展所促进的两个更强大的简化者。

声破天（Spotify）

几年前，你可能还在摸索着使用装在带有裂缝的碟盒里的光碟，或是因为以99便士的价格在iTunes上买了一首歌而感觉自己很时髦，抑或是因为狡猾地通过一些手段免费下载曲目，从未付给歌手一分钱而偷偷庆幸。能够有机会聆听世界上绝大多数的音乐作品似乎是一个过于大胆的想法。但现在，有6000万人宣称自己做到了：承蒙声破天的恩惠，3/4的人可以免费使用其音乐服务，但需忍受插播在歌曲间的闹人广告；而另外1/4的人每月只要支付9.99英镑，就可以获取无限制的听歌体验。这些付费用户还能保存播放列表，以便离线收听。

声破天就是我们要讲的另一位影响深远的客户命题简化者，它显示出了一些我们熟悉的特征。从我们自身使用这项服务的经验来看，几乎可以肯定它增加了我们对音乐的消费，也增加了我们一生中花在音乐上的钱，尽管它对于大多数用户来说是完全免费的。和早期的优步一样，它发展极为迅猛，因为它的定位是如此明确，也更具社交性，用户可以与朋友共享歌单，也可以关注其他用户的歌单和他们喜欢的歌手。

然而，声破天和优步在两个方面有着本质上的不同。首先，开发并推出该服务是个极其困难的过程。其次，在清除这些初始障碍后，声破天几乎是毫不费力地跻身于世界舞台。

优步所挑战的价值链是脆弱、零散、组织松散的，因此几乎无法防御。相反，声破天则与四大唱片公司合作，对整个音乐产业进行受法律保护的、集中且固化的控制。因为这很难施行，需要大量的前期投资，同时这也不是用100万美元和几个天才开发者就能模仿的，所以声破天的发展方向与优步截然不同。当你观察声破天的竞争环境时，你会发现虽然它的竞争者很多，但真正对其构成威胁或能够吸引主要投资的很少（苹果音乐明显除外）。

模仿上的困难让声破天遥遥领先于其他竞争对手，如今该平台已拥有2000多万首正版歌曲。在声破天，用户可以收听任何歌手的任何歌曲。它最大的竞争对手是法国公司Deezer，这家公司在180个国家运营（声破天只在58个国家运营），却只有1600万用户，其中付费用户只占600万。

爱彼迎（Airbnb）

和出租车行业一样，酒店行业在21世纪初也日渐式微。在许多城市，位于市中心的酒店都定价过高（现状也是如此），并且缺乏这一地区本身的"氛围感"。而爱彼迎可以让房主将一张沙发、一间空房或一整套房屋短租出去。如今，爱彼迎已发展为一个由来自190个国家超过25000名活跃房主组成的巨大网络。自 2008 年成立以来，已有超过 2000 万房客在爱彼迎上预定了 3000 万个夜晚。

这一定位的魅力就在于体验感。对房东来说，现在经营一家"酒店"是一件很容易的事，无论房子本身有多简陋，都可以在全球范围内找到潜在房客入住。同时，房客也可以提出任何要求，比如，可以选择与当地房东共享一间公寓，也可以选择乡间小屋或海边别墅。比起住在毫无特色的酒店，这样的体验无疑更具有当地特色，也呼应了爱彼迎的标语"宾至如归"。想获得这样的体验也很简单：首先确定即将前往的城市，列出入住的人数和天数，并选择是预订一个房间（和房东同住）还是一整套房子（不与房东同住），然后可以选择特定的周边环境、房东的语言以及周边设施，最后，根据之前住户的评价滚动浏览选择匹配的房源。

许多客人完全是根据评论来订房的。当你抵达后，会先和房东见面，拿到钥匙，房东会给你介绍房屋本身和周边设施。在你离开后，平台会邀请你对房东和房屋进行评价，然后你支付的房款才会进入房东的账户中。

爱彼迎让房东能够通过他们已有的房产获取额外的收入。平台花费了大量精力来确保房屋信息的质量，并为房东提供了一套有效的机制来管理交易的方方面面，从预订、房屋概况一直到房客支付确认与保险。

和优步一样，爱彼迎也受到了来自它所颠覆的行业的压力。通过出租私人房产获得收入的合法性引起了监管机构的警觉，尤其是在纽约这样的大城市，曾经的既得利益者已经成立了反爱彼迎团体，并发起了对抗的宣传活动。而作为回应，爱彼迎现在已经开始与城市官方合作，以确保其业务完全合法。同时，一些竞争对手也开始涌现，尽管它们远没有爱彼迎知名与成功。

目前，爱彼迎已筹集资金 8 亿美元，公司市值 200 亿美元，爱彼迎平台所提供的住宿选择比世界上任何一家连锁酒店都要多。和优步一样，爱彼迎相对于传统竞争对手有着明显的优势：

- 查找和登记房屋对房东和房客来说都很方便。
- 非常容易根据空房情况来筛选合适房屋。
- 支付过程很简单。
- 拥有全球市场，可以在 190 个国家预订房间。
- 只需轻点鼠标，房东就能预约摄影师为房屋拍下最佳光线下的照片并上传平台。
- 很容易就能核实房客的身份信息。
- 房客与房东都能够访问和撰写详细评价。
- 房东可以轻松获得保险。

回到优步：结论

- 短短 6 年内，优步就成了目前得到风投支持的私营公司中估值最高的，并在一年时间里，从众多蓝筹风险资本家那里筹集到了超过 30 亿美元的资金。
- 截至 2015 年 1 月，优步仅在美国就拥有约 16 万名活跃的司机。数据表明，除非他们的平均税后成本超过每小时 6 美元（用于汽油、折旧和保险），否则这些司机每小时的净收入就已经超过了美国全职工作的出租车司机和汽车司机。
- 有早期证据表明，在其运营的 250 个城市中的大多数地方，优步可以使出租车市场规模成倍增长，使其扩大 10 倍以上。

关键点

1. 与价格简化一样，命题简化也能够极大地扩张市场。低价能够让更多人买得起产品，但一个更好的定位可以提高人们对某一产品的使用频率。

2. 如果你是一名强大的命题简化者，你就可以通过口耳相传的推荐方式来宣传，这样即使你在获取客户方面的投资很少，也能实现爆炸式增长。如果你是个行动派，在互联网时代的铁律下，你就能通过提供最优质的服务而获取巨大的优势，让竞争对手望尘莫及。快速行动还有另一个重要的好处，就是能够让你以最有吸引力的条件筹集到大量资金，这个条件也就是最高的估值。因此，快速行动能够加强良性循环。

3. 如果产品或服务很容易被模仿，就需要围绕它构建一个商业体系，建立起对抗对手的壁垒，这一点对于长期成功至关重要。在优步的案例中，用户能在美国所有城市以及世界上其他大多数主要城市使用该服务，这给优步带来了得天独厚的优势。

4. 网络效应、规模经济和其他以数量为基础的经济"商品"会使竞争态势更加激烈。你如果身处这类市场，就必须成为领头企业，并且抢占先机。因此，如果可以的话，尽早摧毁或边缘化你的对手。

5. "经济商品"不会随着时间的推移而改变，商业系统的要素通常也是如此。但平台技术却是不断变化的。新的使能技术（enabling technology）往往预示着下一波创新浪潮将会造访何处。

接下来，请你思考，你和你的公司究竟应该成为一个价格简化者还是命题简化者。但首先，我们还需再考虑一下这两种策略的本质，以及二者各自为在市场上引起轰动而必须做出的权衡与取舍。

第7章 两种策略与其各自权衡

> 我不会认为与复杂性相对的简单性是微不足道的;我愿意付出所有代价经历复杂,获得简单。
>
> ——奥利弗·温德尔·霍姆斯

此前提到的两种简化战略是截然不同的。这些不同体现在你为了实现它们的做法,也体现在你的目标,以及你获得成功后会得到的回报。通过对比,我们可以开始思考,在他人产生同样的想法之前,你和你的公司能够实现哪一种简化策略。但这两者也有一些共同之处。它们的核心都是通过发挥想象力来权衡与取舍,都植根于一个独特的商业体系,以此战胜竞争对手,并提供能够在目标市场上畅销的产品。

我们已经看到,改造市场有两种"自然状态":

- 价格简化:创造一个大众市场。通过简化,使得产品或者服务的价格大幅降低。简化让产品更易制造,因此简化对于生产商来说是最重要的。生产商在低利润的情况下运作,收益却能够飞速增长。
- 命题简化:创造一个优质市场。通过简化来大大提高产品或者服务的质量,给顾客带来愉悦的使用体验。命题简化让产品或者服务更方便使用,并通常兼具实用性和美观性,因而这种简化对于用户来说最重要。生产者在收益与利润方面都有很高的增长。与价格简化相比，市场的高端部分通常只是总体市场中的一小部分，尽管在某些情况下，命题简化能够创造一个全新的大众市场，如智能手机。

我们可以通过图来读懂这两种策略。

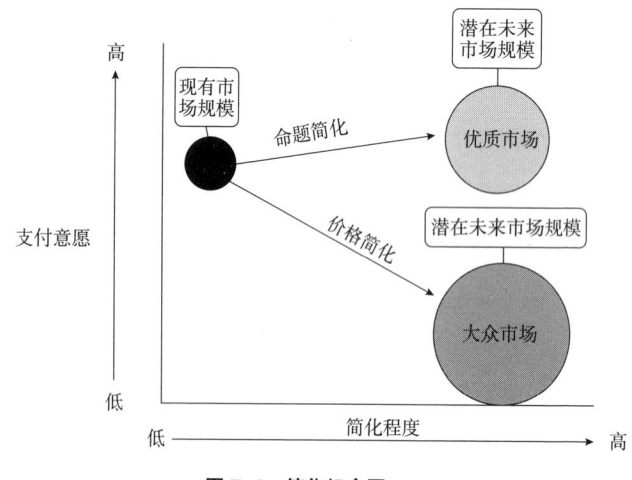

图 7-1　简化机会图

在两种情况下，市场都扩大了，大众市场最终通常会比优质市场大上好几倍，而优质市场的利润或许会比大众市场高出几倍。因此，无论采取哪种简化策略，绝对利润机会和现金投资回报率可能都会很高，而且大致相同。唯一的例外是，如果命题简化者也创造了一个大众市场，就像苹果公司的部分产品一样，那就可能会产生巨大的收益，但这样的现象非常罕见。

在这个阶段，我们所寻求的是一种直接的、出于本能的反应，来判断你和你的公司是否可以采取这两种简化策略之一，以及应该选择哪一种。市场规模和收益回报非常重要，但并不足以让你决定应该采用哪种策略（将在下一章看到还有其他非常重要的因素也须予以考虑）。然而，在某个环节中，这两种简化策略中的一种必须能够激发你的兴奋点。想象一下你渴望的成功会是什么样子，然后在二者间做出你的决策。

给价格简化者的三条箴言

1. 善用简化能够使某样产品的制造和供应成本都更低。必须始终将这一条作为首要目标。

2. 在使产品更便宜的过程中，应通过简化消除那些我们所说的"昂贵的效用"，即顾客可以接受的产品不足。亨利·福特减少了车辆的型号、功能，最终也减少了颜色；麦当劳兄弟省去了服务员和菜单上的大量选择；英格瓦·坎普拉德提供了单一风格的家具，减少了每个产品类别的种类，并且通过让顾客自行组装减少相应的运输成本。

3. 有时，只需增加一点成本，或者根本无须增加额外成本，就能够增加产品的效用，应学会用廉价的效用来取缔昂贵的效用。亨利·福特提供了一种更加轻便牢固的车型，也更易驾驶和养护，但他实现这一切完全是依靠更简单的设计、更轻便的材料以及自动化的生产系统，并没有增加额外的成本；麦当劳兄弟能够供应比当地咖啡馆更好品质的汉堡包和薯条，完全是因为他们有足够大的月销量以及自动化的生产线，因此他们才能将价格砍掉一半；宜家出售的家具不仅价格低廉，而且设计精良，同时还提供游戏区、托儿所和高性价比的餐厅，以及为孩子们准备的娱乐节目。这些实际好处吸引了更大的客流,也带来了更大的经济效益,完全抵消了这一部分产生的成本。

决定哪些效用要被移除、哪些要被替代,这都需要丰富的想象力,还需要站在大众市场的顾客的角度设身处地地思考问题。分别仔细思考一下以下三个类别:

- 更高的易用性。这在你所处的市场中意味着什么?
- 产品或服务的实用性更佳。如何才能提供这样的产品或服务?
- 艺术性更强,更美观,即任何使产品或服务都更具吸引力,却无法被归于以上两点的因素。这是否是你现有产品或服务所缺少的?

给命题简化者的两条箴言

1. 主要目的是利用简化来提升某产品的使用乐趣,即首先通过增加易用性来增加效用,然后再考虑改善实用性以及艺术性。

本章开头的序言中,我们引用了美国最高法院法官奥利弗·温德尔·霍姆斯的话:"我不会认为与复杂性相对的简单性是微不足道的;我愿意付出所有代价经历复杂,获得简单。"换言之,你必须完成大量复杂的前期工作,才能为顾客提供更好更简洁的产品或服务。

麦金塔电脑是这句话的完美诠释。1984年正式发布,其伟大之处恰恰在于提供了一台可访问的现代个人电脑。和那种老式的、必须编写代码才能操作的个人电脑相比,显示桌面的发明让用户们备感轻松。轻点图标就能瞬间到访任何文件、准确按照屏幕原样打印页面,以及流畅地滚动浏览文件，这些功能都是在易用性、实用性和艺术性方面的巨大突破。但是，造福用户的简单操作，对苹果来说却是历经万难。实际上，编写麦金塔软件的过程极为复杂。苹果的工程师克服了重重困难，最终才实现了简化。而其最大的竞争对手微软，又花了足足两三年的时间才研发出了差强人意的 Windows 系统。

市场竞争中，最重要的就是知道最终结果应该如何。为了达到这一目的，你要么就想象什么样的产品会使顾客的生活更简单，就像施乐帕克研究中心的专家们早在 1979 年做的那样；要么就像乔布斯一样，发现早期雏形，了解其发展方向并做出改进。命题简化者最终的归宿，是为顾客带来简洁性与实用性的巨大飞跃。

2. 命题简化者次要的目标是通过简化来降低产品成本，或至少确保产品的额外效用远超额外成本。

做出明智的权衡与取舍

当开发新产品和业务系统时，设计者们必须做出权衡。也就是说，他们必须从两种积极属性中做出选择，因为他们无法同时拥有两者。举个例子，汽车设计师必须舍弃动力以换取更高的燃油效率，反之亦然。你无法在坐拥强劲加速和动力的同时，还妄想用一升油行驶很长的距离。另一个常见的取舍出现在高品质服务与低廉价格之间。比如说，出租车相对于公共汽车。这时候的诀窍就在于，要吸引特定客户群体，就要提供给他们真正想要的东西，并且要在比其他公司更高的水平上最大限度满足客户的需求。你需要谨慎权衡与取舍，从而做出对公司和客户都有利的选择。

对于价格简化者来说，答案很明确。由于低价才是顾客最重视的，因此他们的核心目标始终是通过舍弃顾客认为并不太重要的产品属性，来达到极低的价格。想象一下卖家与其目标客户的讨价还价。例如，发明超市的人也许会和他的目标顾客说："如果你愿意推着手推车在我的大商店里转一圈，自己挑选想买的货品并把它们拿到收银台结账，我就会以比本地杂货店低得多的价格把它们卖给你。"同样，想象一下麦当劳兄弟，他们会说："如果你愿意排队等餐，接受有限品类的菜单，我们就帮你把汉堡包的价格降低一半。"抑或是英格瓦·坎普拉德说："如果你愿意自己开车到我们有巨大仓库的商店来，根据指示牌购物，经过那些你原本并不打算买的商品，自行挑选家具，并把它推到收银台结账，然后自己开车运回家，自己组装，我们就会以你想象不到的超低价格为你提供时尚商品。"

然而，单单大幅降价却不提供其他好处往往是不够的。即使是奥乐齐（Aldi）超市也在超低价格之外提供了大型停车场的便利和有大量库存、成堆售卖的廉价商品。价格简化者们的狡黠之处就在于，他们往往用最实惠的好处来替代被移除的昂贵环节。后者中也包含了劳动力。价格简化者们与顾客之间达成了心照不宣的协议："如果你们自己完成一部分我们竞争对手的员工们需要做的累活儿，我们就承诺给你超低的价格和其他你想不到的巨大福利。"

在宜家，你可以享受精良的设计、让你的孩子开怀大笑的娱乐节目，以及各种可以立刻带回家的产品；在麦当劳，你能享受优惠的价格、超美味的汉堡和薯条、快速高效的服务、令人愉悦的用餐环境、儿童游乐区和一尘不染的卫生间；亚马逊则提供了无可匹敌的低价，当你考虑到它的规模和超低的利润时，这么低的价格也就不足为奇了。此外，亚马逊还提供了一键式服务、大量供顾客参考的产品评价以及超快的运输服务。

而对于命题简化者而言，法则就没那么明显了，但同样正确。命题简化者们往往同更加富裕的顾客打交道，说服他们愿意为其认为好得多的东西支付更多钱。想搞定这样的顾客，就必须通过复杂的过程来实现简化策略。想想之前提到的例子：麦金塔电脑的速度与直观；优步出租车所带来的便捷与安心；向波士顿咨询或者贝恩公司寻求建议的首席执行官所获得的及时回应与立竿见影的效果。

但是，权衡的最高形式其实出现在"当取舍并不是真正的取舍"之时，我们称之为"良性取舍"。

良性取舍

如果你本身非常幸运，或是极具创造力，你就不必从两件好东西之间进行取舍，而是可以用坏东西去换取好东西。

第二次世界大战初期，所有参战国都难免会出现钢铁和其他金属的短缺。但英国有足够的木材供应与家具制造商。于是，杰弗里·德·哈维兰设计出了一款操作简单、速度却很快的轰炸机，机身几乎完全由木材制成，只需两人就能驾驶。以木材为原料使得英国的飞机比敌方更轻，并且能够安装更加小巧简单的引擎，其制造过程也更加便宜快捷。由于使用木材，除去了保护性装甲与防御性炮塔，德·哈维兰制造的"蚊子"战机能够以超过400英里/小时（约643千米/小时）的速度飞行，比任何德国战机都更快，也因此不易遭受空袭。人力成本与运作成本都降低了一半，同时死亡事故也几近为零。哈维兰公然在空军部一片反对声中推行了他的简单设计，当权者难以相信一架没有防护机枪和装甲的轰炸机能够奋战沙场。

"蚊子"战机的精妙之处在于，它省去了在传统的重量与速度之间进行取舍。也就是飞机本身拥有的保护措施越强（好处），其速度就越慢（坏处）。在防御与速度之间进行取舍始终是一个两难的选择，但"蚊子"战机的出现改变了这一切。由于没有敌机能赶上"蚊子"战机的速度，所以它无须配备装甲，也因此可以更加轻巧。突然间，取舍的难题似乎迎刃而解了——正是速度本身为"蚊子"战机提供了保护。坐上"蚊子"战机，飞行员就兼备了无与伦比的速度和最强大的保护，二者携手形成了一个良性循环。这就堪比哈维兰突然发现让法拉利拥有宝马 Mini 的燃油经济性的方法。

"蚊子"战机大获成功。1943 年，德国空军总司令赫尔曼·戈林承认："'蚊子'战机让我非常愤怒。我嫉妒得脸色发青！"

良性取舍与普通的艰难选择不同。如果你能做出良性取舍，就能同时获得两种好处，而非以劣易优。这着实是一种创造性的简化，它独具一格，能够战胜所有的铁律。许多价格简化产品的"回馈"属性其实都是变相的良性权衡。比方说，如果一家私人艺术馆在每位游客进门时都提供给他们一大杯香槟，并深谙这会带来更大的销量和利润，那么它就在香槟赠饮与利润之间实现了良性取舍。同理，宜家的免费游乐区为公司带来了收益与利润。这样的取舍就是良性的。为孩子们提供的娱乐节目是真正的福利，但这一部分的成本能够因更大客流量所拉动的消费抵消。最终，顾客和公司实现双赢。

伦敦动物园一游

1935 年，出版商艾伦·莱恩在埃克塞特火车站等车时，他苦苦寻觅却找不到一本物美价廉的书来打发返回伦敦的漫漫旅途。这引起了他的思考，并得出了一个结论：他应该进行价格简化。

莱恩希望一本书能够兼备精装书的品质与平装书的低价。当时，平装书通常是旧书的重印本，作者大多都已不在人世，而且为了降低成本，平装书的制作都很粗糙。而与之相比，精装书则太过昂贵，多数工薪阶层都消费不起。莱恩认为，如果他能将书的价格降到6便士（以今天的货币计算约13元，即便是如今的电子书也很少见到这么低的价格），他就能通过吸引普通人买书，而非去公共图书馆借书，创造一个全新的大众市场。但主要的问题是，购买高质量当代小说的版权费用极为昂贵。用纸质封面代替硬皮封面可以省下一笔钱，但远不够将价格降低90%。莱恩的下一步是要说服所有人，包括书籍作者、拥有版权的出版商、书店和他自己的公司（企鹅公司），说服他们接受更低的利润。乔治·奥威尔表达了作者们最初的抗拒："作为一名读者，我为企鹅图书喝彩；但作为一名作者，你们简直是洪水猛兽。"而后，莱恩进一步削减成本，将公司从地价昂贵的伦敦市中心搬到当时位于米德尔塞克斯郊区的哈默兹沃斯（现在可以看得见希思罗机场）。他花了2000英镑买下了这块地，又花了200英镑买下种植在这块地上的卷心菜。但这一切节省下来的成本依然无法降低书籍的价格。

莱恩想到了一种全新的、从未有人想到过的方式，并最终做到了。他的好办法是在非传统销售点销售企鹅书籍，特别是百货商店和报刊亭（他在埃克塞特车站的报刊亭里就没有找到一本像样又便宜的书）。最初的突破来自伍尔沃斯百货商店，这家零售业巨头当时同意寄售10万册企鹅图书。莱恩的书籍顿时比其他出版商的书籍畅销许多，他也因此能够同批加大印量，从而降低单位成本。当时流行的精装书初始印数通常约为5000册，而企鹅图书的印数则高达20000册。这意味着莱恩每本书只卖6便士的目标终于可以实现，因为生产成本大幅降低了。莱恩将他的书单缩减至只有10本，然后将整套书卖给他的销售点，而非仅仅销售单独的一本书。

莱恩发明了一套全新的出版商业体系，一个基于分销达成的、前所未有的大众市场。对于顾客来说，其主要优势就是莱恩的书的价格仅为同类精装书的1/10，但在低价的同时书籍仍能保持高质量。此外，作者的名单也是一流的。莱恩最初选定的10本书都是业内最顶尖的畅销小说家的作品，包括阿加莎·克里斯蒂、厄内斯特·海明威、安德烈·莫鲁瓦、康普顿·麦肯齐、贝弗利·尼科尔斯和玛丽·韦布。统一的封面设计十分醒目：书名在一条白带中间，旁边是双色的边框，橙色代表普通小说，绿色则代表犯罪类小说，封面下方正中间则是著名的企鹅标志，由一位19岁的职员在伦敦动物园游览时绘制。如今，这一设计已经成为经典，而经过几番更新迭代的企鹅标志也被沿用了下来。与当时流行的廉价平装书不同，莱恩使用了质量更好的纸张与更牢固的装订方式，使平装书也能保存多年。企鹅图书广泛的分销网络也使得这些书的潜在读者在需要阅读时更方便购买图书。

企鹅出版社变革的核心也是良性取舍。莱恩从书籍的内容而非封面材质重新定义了图书的质量，避免了从传统的价格与质量间进行取舍。他意识到，正如我们今天所说的，书籍是软件，而非硬件。凭借有限的书单、全新的分销渠道和超高的印刷量，莱恩的简化系统让生产物美价廉的图书的理想照进了现实中。

不过，请注意，良性取舍的根源在于需求的巨大扩张。要想参透莱恩的远见，或者说他赌上一把的深意，可以先通过对比乔治·奥威尔在当时极具说服力的观点，奥威尔认为，企鹅图书会减少人们在书籍上花的钱：

企鹅图书只卖6便士，这真是太了不起了，但凡其他出版商有点危机意识都会联合起来反对他们、压制他们。当然，认为廉价书对于图书贸易有好处是大错特错。比方说，如果你有5先令（按今天的货币计算约130元),而一本书的正常价格为半克朗(约65元),你很可能会把5先令都花在买两本书上。但是,如果一本书只卖6便士,你并不会因为便宜就一口气买下10本,因为你并不想要那么多的书;在买下10本书之前早就到了你的饱和点。你或许会买3本6便士的书,然后把剩下的钱花在看电影上。因此,图书越便宜,花在书本上的钱其实就越少。

奥威尔的论证存在着一个极大的漏洞——他只考虑了富裕的购书者,也就是那些可以花5先令(当时抵得上一名工人的周薪)来购买书籍或用于其他消遣的人。而大多数工人能用来买书的钱不会超过6便士,却又想拥有和他们的有钱邻居一样多的藏书。因此,一旦莱恩能够将企鹅图书的价格下调到区区6便士,那么众多工薪阶层的人们就能摇身一变,首次拥有购书人的身份。

事情就是这样。一件梦寐以求的商品的价格大幅下降,势必会创造出一个巨大的新市场。此外,这个市场的规模也往往会被大大低估,即使博闻强识如乔治·奥威尔,有时也会看走眼。而这其中就暗含着对价格简化者而言的绝佳机会。

传统的思维方式永远无法让你实现良性取舍。你必须愿意通过横向思维或新颖的论证来构建一条通向良性的全新途径。例如:"如果我们做了某件事,那么我们就能达到良性取舍。我们可以避免进行其他任何人都认为不可避免的取舍,比如在一本制作精良的畅销书与高价之间进行取舍。"

在你身处的市场中,你是否能找到一种方式可以在为重要客户谋利的同时,也为你自己的供应商增加利润?你又是否能看到下表中左栏与右栏中的利益之间存在的关联呢?(下表仅供参考,真正的利益远不止于此。)

客户利益	供应商利益
动力或性能升级	市场份额与规模增长
更方便购买	成本降低
更方便使用	利润增长
消费速度	运输速度
身处巨大网络的优势	身处巨大网络的优势
价格更低	成本更低
标准更高	顾客忠诚度更高、依赖性更强
协调性更强	招揽客户成本更低
有益于顾客的自助服务	有益于供应商的自助服务
更轻巧	
更便捷	
新客户群体	

第一部分的关键点

1. 依靠两种实用的策略可以成功地进行简化，创造出一家经得起时间考验、极具吸引力的明星企业。然而，这两种可供你使用的策略又非常不同。价格简化的重点在于易于制造，凭借极低的价格来开拓大众市场；而命题简化则能增加产品的使用乐趣，使其更易用、更实用、更美观。现在，是考虑哪种策略能在你所处的市场中取得成功，并且是否可以由你或你的公司设想与执行的时候了。

2. 价格简化者以廉价的客户效用替代昂贵的客户效用。

3. 命题简化者通过繁复的过程来简化复杂的产品或服务，直到其真正易于使用。

4. 这两种简化者都必须善于做出取舍，并从中获取超高性价比与高额利润。这一点可以通过对产品进行创新设计以及改变运输方式来实现。在你所处的市场中应该如何做呢？

5. 理想的方式是找到"良性取舍"来替代一般的取舍，这样一来，你就能拥有两个好处，而非一个好处和一个坏处。永远都会有新的良性取舍的方法等待着被人发现。最好的良性取舍对顾客、公司来说都有极大的好处，而对竞争对手而言则是致命的。那么，你的良性取舍会是什么呢？

结论

我们希望本章已经给出了足够的例子让你确信有两种诱人且可行的方法可以通过简化创造一家出色的明星企业。如果你相信并对此充满热情，你需要决定哪一种简化策略更适合你和你的公司，并使你的竞争对手难以模仿或超越。一旦你选定了策略，接下来就要努力使其充实丰满，并且仔细思考如何出色地执行。你需要深入了解你所在的市场，以及你现有的潜在竞争对手的经济情况，并需考虑想要成功简化需要做些什么。

简言之，你需要学习如何对自己的市场进行简化。

有人说，没有任何计划能在开战后依然奏效。诚然如此，但你在行动前思考得越深入，对其他简化者胜败的原因了解得越多，你的项目开展得就越顺利；你的前期准备越充分，随机应变的能力就越强，获得巨大成功的可能性就越大。

在第二部分，我们会竭尽全力，帮助你为这场战斗做好准备。

第二部分

如何简化

在第二部分中,我们将通过描述两种策略分别需要做哪些事,来详细地介绍应如何进行简化。与第一部分一样,我们将会把成功(或不成功)的简化者的事迹,与我们从案例分析和两种战略最实用的法则中总结的教训和经验法则相结合。

这一部分会涉及更多简化的细节与本质,我们的第一个案例本田,就是一首具有启发性的前奏曲,展示了完全不恰当的商业策略是如何通过"与敌人接触",即面对不利的市场条件和竞争对手,得到纠正的。借前车之鉴,我们希望你可以更具前瞻性,或至少对陷阱和如何在未来规避一些障碍时刻保持警惕。

与第一部分不同,在第二部分中我们会颠倒顺序,先阐述如何命题简化,再介绍如何价格简化。

但在我们讨论"如何做"之前,我们必须先解决"选择哪一种"的问题。价格简化与命题简化都是变革性的策略,但二者是互相排斥的。哪一种才更适合你呢?下一章,我们将帮你做出决定。

第8章 成为哪一种简化者？

> 现代工业从未将某一生产过程中现有的工艺形式视作最终形式。因此，现代工业的技术基础是革命性的。
>
> ——卡尔·马克思

成为价格简化者还是命题简化者，这是我们本章要讨论的问题。

下面四个问题将帮助你决定应该成为哪种简化者：

1. 你公司的态度，也就是公司的政策与文化，使它更倾向于追求价格简化还是命题简化？

2. 是否已有竞争对手占据了其中一个目标位置，或是两个都被占据了？

3. 你能够找到解锁其中任一目标位置的秘钥吗？

4. 你的公司是否有拥有那些具备必要技能的人员来实施目标策略？如果没有，你是否知道应该如何招募这类技术人员？或是从哪里招募他们？

倾向测试

试着做一做接下来这几页的测试。每个问题不用考虑太久，凭直觉给出你最先想到的答案。你的答案应在 0 到 10 分之间，为每道题勾选你认为恰当的得分，以判断你的公司此刻所处的位置。在大多数情况下，答案要么直接是"是"，要么直接是"否"，因此，请尽可能选择 0 或者 10。在没有明确答案的情况下，再选择中间的分数。请注意，"是"的位置有时出现在选项左端，有时出现在选项右端（当然，"否"的位置亦然）。你可以直接在书上勾选，把答案永远保存下来；如果你想保证书本的整洁，也可以把本测试复印下来。

1. 你确信自己的公司或竞争对手可以将成本和价格降低 50% 以上吗？

a. 不相信

b. 相信

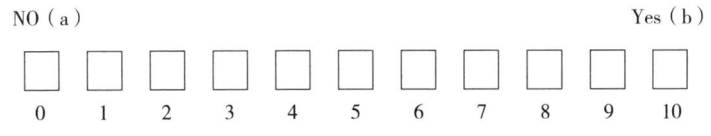

NO（a）　　　　　　　　　　　　　　　　　　Yes（b）

□　□　□　□　□　□　□　□　□　□　□
0　1　2　3　4　5　6　7　8　9　10

2. 如果从头做起，你会在哪方面看到更多潜力？

a. 提升产品或服务的使用乐趣

b. 使产品或服务更简单，继而大幅降价

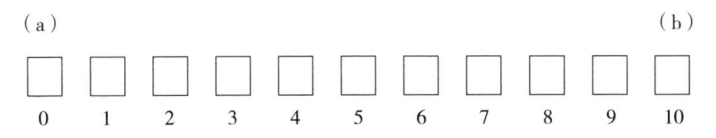

（a）　　　　　　　　　　　　　　　　　　　（b）

□　□　□　□　□　□　□　□　□　□　□
0　1　2　3　4　5　6　7　8　9　10

3. 你公司的营业利润率是多少？（营业利润率等于 EBIT 即息税前利润除以收入。）

a. 超过 25%

b. 11% ~ 25%

c. 10% 或以下（包括亏损）

(a)　　　　　　　　　　(b)　　　　　　　　　　(c)

☐ ☐ ☐ ☐ ☐ ☐ ☐ ☐ ☐ ☐ ☐
0　1　2　3　4　5　6　7　8　9　10

4. 目前你的产品是市场上成本和价格最低的吗？

a. 不是

b. 是

(a)　　　　　　　　　　　　　　　　　　(b)

☐ ☐ ☐ ☐ ☐ ☐ ☐ ☐ ☐ ☐ ☐
0　1　2　3　4　5　6　7　8　9　10

5. 你的公司是否已经投资于最先进的系统，来加速产品与服务流动，从而降低成本？

a. 没有

b. 有

(a)　　　　　　　　　　　　　　　　　　(b)

☐ ☐ ☐ ☐ ☐ ☐ ☐ ☐ ☐ ☐ ☐
0　1　2　3　4　5　6　7　8　9　10

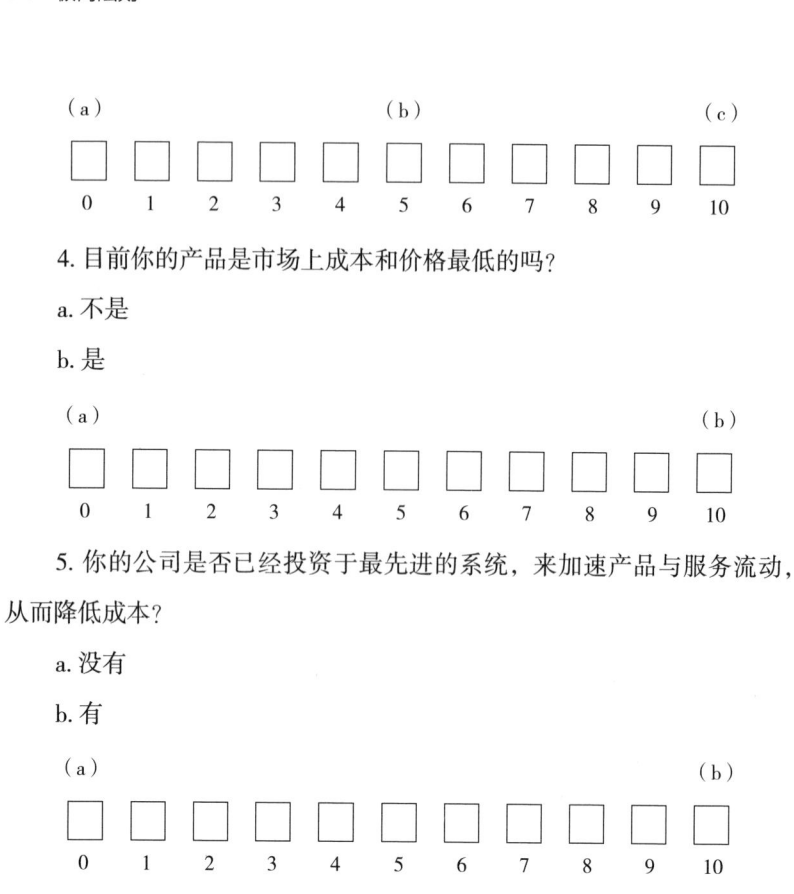

6. 你认为以下哪一项更重要，公司的营业利润率还是投资现金回报率？

a. 营业利润率

b. 投资现金回报率

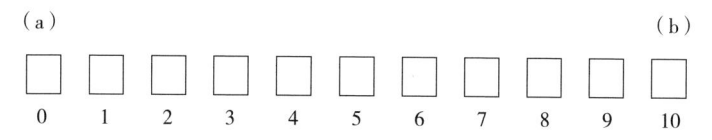

(a)　　　　　　　　　　　　　　　　　　(b)

☐ ☐ ☐ ☐ ☐ ☐ ☐ ☐ ☐ ☐ ☐
0　1　2　3　4　5　6　7　8　9　10

7. 当你下定决心进行资本投资时,能接受的时间跨度有多长?

a. 1~5年

b. 6~10年

c. 10年以上

（a）　　　　　　　　　（b）　　　　　　　　　（c）

☐ ☐ ☐ ☐ ☐ ☐ ☐ ☐ ☐ ☐ ☐
0　1　2　3　4　5　6　7　8　9　10

8. 收入增长对你的公司而言有多重要?

a. 重要

b. 极其重要

（a）　　　　　　　　　　　　　　　　　　　　（b）

☐ ☐ ☐ ☐ ☐ ☐ ☐ ☐ ☐ ☐ ☐
0　1　2　3　4　5　6　7　8　9　10

9. 你的公司的创始人是怎样的人?

a. 极具远见,痴迷于"疯狂而伟大"的产品或是服务,效力于使产品具备使用乐趣,同时能够帮助客户解决问题

b. 节俭吝啬、精打细算

（a）　　　　　　　　　　　　　　　　　　　　（b）

☐ ☐ ☐ ☐ ☐ ☐ ☐ ☐ ☐ ☐ ☐
0　1　2　3　4　5　6　7　8　9　10

10. 你的公司的企业文化是怎样的?

a. 精英统治,公司最上层5%的人能够决定公司的成败

b. 平等主义,例如办公室空间与设施大都相同,强调团队合作

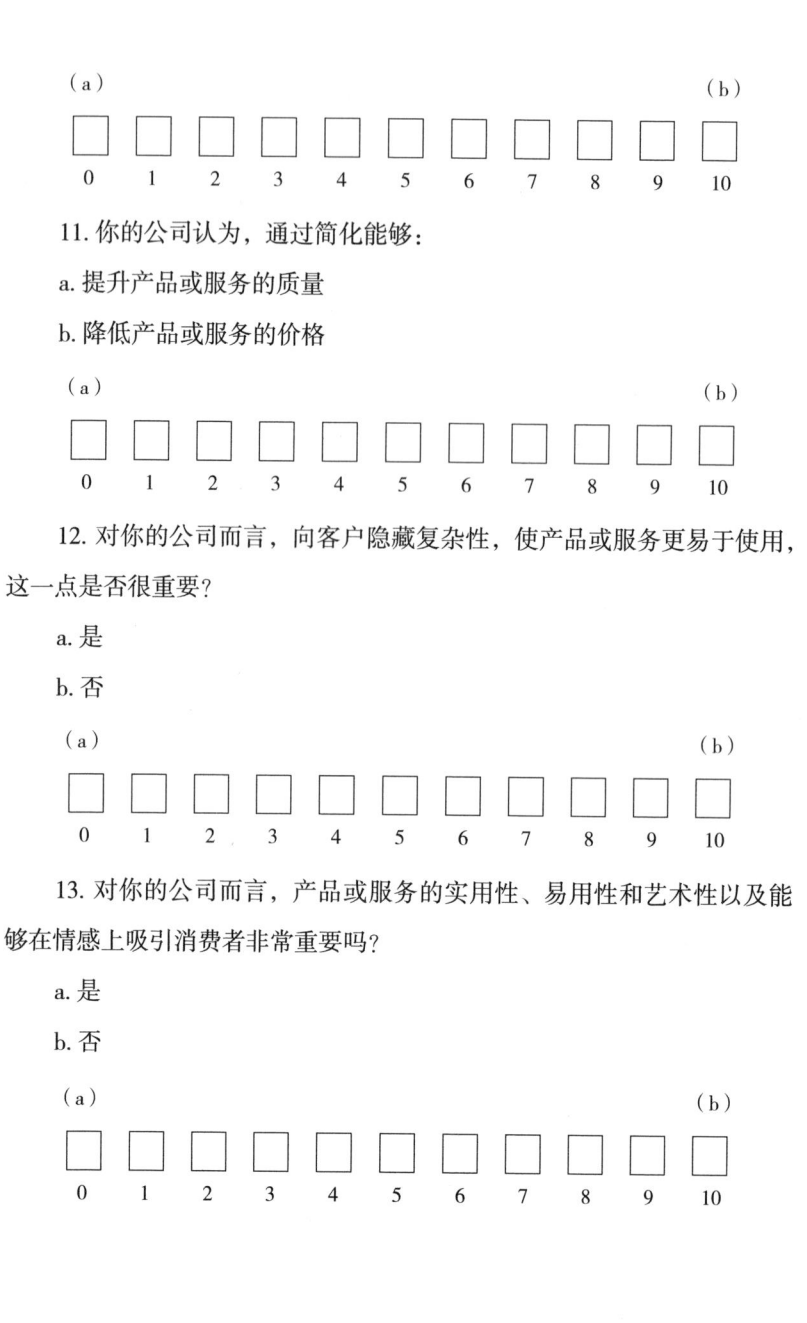

(a) ☐ ☐ ☐ ☐ ☐ ☐ ☐ ☐ ☐ ☐ ☐ (b)
0 1 2 3 4 5 6 7 8 9 10

11. 你的公司认为，通过简化能够：

a. 提升产品或服务的质量

b. 降低产品或服务的价格

(a) ☐ ☐ ☐ ☐ ☐ ☐ ☐ ☐ ☐ ☐ ☐ (b)
0 1 2 3 4 5 6 7 8 9 10

12. 对你的公司而言，向客户隐藏复杂性，使产品或服务更易于使用，这一点是否很重要？

a. 是

b. 否

(a) ☐ ☐ ☐ ☐ ☐ ☐ ☐ ☐ ☐ ☐ ☐ (b)
0 1 2 3 4 5 6 7 8 9 10

13. 对你的公司而言，产品或服务的实用性、易用性和艺术性以及能够在情感上吸引消费者非常重要吗？

a. 是

b. 否

(a) ☐ ☐ ☐ ☐ ☐ ☐ ☐ ☐ ☐ ☐ ☐ (b)
0 1 2 3 4 5 6 7 8 9 10

14. 产品或服务的价格是否是最重要的？

a. 否

b. 是

（a）　　　　　　　　　　　　　　　　　　　（b）

0　1　2　3　4　5　6　7　8　9　10

15. 在你的公司看来，是成为大众市场的领导者更重要，还是成为一个愿意为产品支付更多费用的高端市场的领导者更重要？

a. 成为高端市场领导者

b. 成为大众市场领导者

（a）　　　　　　　　　　　　　　　　　　　（b）

0　1　2　3　4　5　6　7　8　9　10

16. 你认为对人力的投资更重要，还是对生产与运输系统的投资更重要？

a. 对人力投资

b. 对系统投资，为顾客带来始终如一的高质量与低成本

（a）　　　　　　　　　　　　　　　　　　　（b）

0　1　2　3　4　5　6　7　8　9　10

17. 在你的公司，坚持与不懈的创新有多重要？

a. 非常重要

b. 一开始选定商业系统，之后再逐步改进更重要

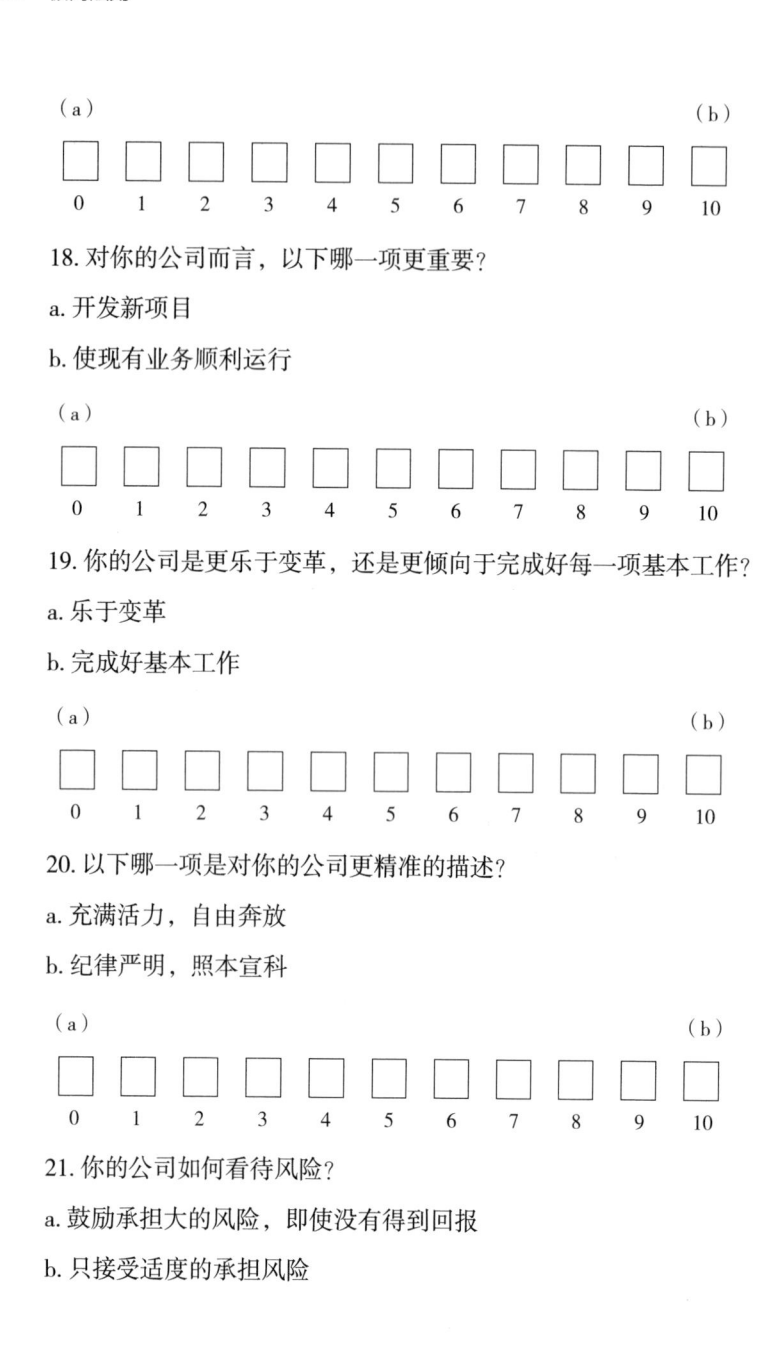

（a）　　　　　　　　　　　　　　　　　　　　　（b）
☐　☐　☐　☐　☐　☐　☐　☐　☐　☐　☐
0　1　2　3　4　5　6　7　8　9　10

18. 对你的公司而言，以下哪一项更重要？

a. 开发新项目

b. 使现有业务顺利运行

（a）　　　　　　　　　　　　　　　　　　　　　（b）
☐　☐　☐　☐　☐　☐　☐　☐　☐　☐　☐
0　1　2　3　4　5　6　7　8　9　10

19. 你的公司是更乐于变革，还是更倾向于完成好每一项基本工作？

a. 乐于变革

b. 完成好基本工作

（a）　　　　　　　　　　　　　　　　　　　　　（b）
☐　☐　☐　☐　☐　☐　☐　☐　☐　☐　☐
0　1　2　3　4　5　6　7　8　9　10

20. 以下哪一项是对你的公司更精准的描述？

a. 充满活力，自由奔放

b. 纪律严明，照本宣科

（a）　　　　　　　　　　　　　　　　　　　　　（b）
☐　☐　☐　☐　☐　☐　☐　☐　☐　☐　☐
0　1　2　3　4　5　6　7　8　9　10

21. 你的公司如何看待风险？

a. 鼓励承担大的风险，即使没有得到回报

b. 只接受适度的承担风险

（a） （b）

☐ ☐ ☐ ☐ ☐ ☐ ☐ ☐ ☐ ☐ ☐
0　1　2　3　4　5　6　7　8　9　10

22. 你的公司旨在：

a. 用新鲜事物吸引顾客

b. 用超高性价比打动顾客

（a） （b）

☐ ☐ ☐ ☐ ☐ ☐ ☐ ☐ ☐ ☐ ☐
0　1　2　3　4　5　6　7　8　9　10

23. 以下哪一项更重要？

a. 设计产品或服务本身

b. 设计支撑产品、服务和运输的商业系统

（a） （b）

☐ ☐ ☐ ☐ ☐ ☐ ☐ ☐ ☐ ☐ ☐
0　1　2　3　4　5　6　7　8　9　10

24. 你的公司是否旨在提供一种通用的产品或服务，无论在何时何地都能保证质量始终如一？

a. 否

b. 是

（a） （b）

☐ ☐ ☐ ☐ ☐ ☐ ☐ ☐ ☐ ☐ ☐
0　1　2　3　4　5　6　7　8　9　10

25. 你的公司的一般开支（行政与销售费用、市场营销、产品研发以及其他款项）处在何种水平？

a. 高

b. 低

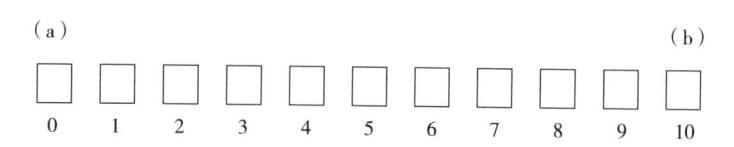

(a) ☐ ☐ ☐ ☐ ☐ ☐ ☐ ☐ ☐ ☐ ☐ (b)
　0　1　2　3　4　5　6　7　8　9　10

分数统计

把以上 25 道题的总分相加，得分最低是 0，最高是 250。

你可能已经意识到，每个问题下面的选项的设计逻辑：左端代表典型的命题简化者，右端则代表典型的价格简化者。因此，如果你已经在前几页勾选了你的答案，你可能会一眼看出对于你的公司而言更好的策略。

不过，要想得到更精确的评价，可根据总分参考如下阐释：

0～30 你的公司非常适合命题简化，完全不适用价格简化。

31～50 你的公司适合命题简化，但不适合价格简化。

51～99 你的公司稍倾向于命题简化。如若想要进行命题简化，还需对部分政策进行调整。价格简化策略或许不可行。

100～150 对两种简化策略都没有实质性倾向。这是一个红灯警告，你的公司可能两种策略都不适合采用。

151～199 稍倾向于价格简化。如果想采取价格简化策略，就必须调整某些政策。命题简化策略或许不可行。

200～219 你的公司适合价格简化，但不适合命题简化。

220～250 你的公司非常适合价格简化，完全不适合命题简化。

市场间隙测试

商业策略，尤其是涉及商学院的案例分析时，总是以一种事后诸葛亮的方式粗粗写就。这就像一部老式惊悚片里的情节，其中的角色非黑即白：好人总会陷入可怕的困境，但他们知道自己在做什么，并且会在故事走向高潮时以某种方式迎来胜利。

但真正的商业并不是这样运作的。好人往往并不知道自己在做什么。他们尝试一种策略，发现它没有奏效，然后就转向另一种，之后再是另一种、再一种，他们不停地更换策略，直到最终找到一种有效的为止。

有一个绝佳的例子可以阐释这一现象。在二十世纪六七十年代，标志性的摩托车制造商哈雷戴维森与日本后起之秀本田之间存在着激烈的竞争。我们知道，最终是本田赢得了这场战争的胜利，因为他们进行了价格简化。他们成功地向市场推出了比哈雷"略逊一筹"的摩托车，功率更低、体积更小，但价格上更具优势。1975 年，英国贸易与工业部长托尼·本想为英国境况不佳的摩托车行业进行战略探索，于是找到了波士顿咨询公司。根据波士顿咨询对历史的仔细分析，本田之所以获胜，是因为他们采用了一种与哈雷截然不同、成本更低的商业体系。日本的生产率远高于英国，而且本田生产小型发动机的规模也比哈雷大得多。反过来看，这些都依赖于国内庞大的摩托车市场，且同样的引擎装置还应用于割草机及其他设备上。本田最初推出的是排量 50cc 的摩托车，然后逐渐发展，最终推出了能够与除最高端摩托车之外所有的哈雷型号一争高下的摩托车。本田能做到这一点，正是因为其成本更低，售价也更低。

作为对既定事实的阐释，波士顿咨询的报告非常出色——文采斐然，数据精确，一针见血。但从历史的角度来看，其内容简直是在胡扯。因为本田最初的战略其实是错误的，只是在偶然间发现了正确的战略。

本田"明白"它的50cc小型摩托在美国并没有市场，因此并没有尝试在美国销售。不出所料，公司市场调研表明，美国人的确更喜欢重型、高速、功率更大的摩托车……价格对他们而言似乎没那么重要。因此，本田决定设计并生产一款大型、相对昂贵的摩托车。然后，他们派了3名员工去洛杉矶进行销售。

但这一项目以惨败而告终。大多数经销商甚至拒绝配置本田的摩托车。这还不是最糟糕的。本田对于制造能在高速上长距离行驶的摩托车缺乏经验，当3名本田员工终于想尽办法卖出了几百辆摩托后，该型号被证实性能并不好，离合器易受磨损，漏油情况也很严重。因此，本田将需要替换的零件从日本空运到美国，这一下几乎让公司濒临破产。

川岛喜八郎肩负着领导在美国的3人销售团队的艰巨任务。一个星期六，他骑着从日本运来的排量50cc的"超级幼兽"到洛杉矶附近的小山上兜风，以缓解工作上的压力。一周后，他邀请同事们一同参与这种骑行疗法，于是他们一同骑着小摩托在洛杉矶兜风。长话短说，这3辆看似不起眼、玩具似的小摩托受到了意想不到的关注与赞美，人们都想知道在哪里才能买到它。这3名本田员工这时才开始确信，他们可以把"超级幼兽"卖给想要休闲与消遣的顾客，让他们每个周末也能骑着摩托享受越野的乐趣。但日本总部却对这个想法嗤之以鼻，他们仍然相信市场调研的结果，认为高高大大的美国人根本不会购买轻便小巧的日本摩托。但是，在重型摩托战略惨遭滑铁卢后，绝望让他们最终同意给川岛一个机会。接下来的事情我们都知道了。小型摩托车市场开始腾飞，这种摩托车最初只流行于越野爱好者间，而后被广泛运用于上下班通勤与其他方方面面。美国摩托车市场从 1959 年的 55 万辆增长到 1975 年的约 500 万辆，几乎是受本田小型摩托车政策的影响。

随着公司逐步销量上升，本田开始进一步降低成本与零售价格，市场开始出现爆炸式增长。

这个故事的意义在于，本田最初选择了错误的战略，把目标锁定在了一个已经被拥有更好竞品的对手完全占领的市场上。相反，它应该通过价格简化来寻找一个空隙，并在这个空隙内打造自己理想的产品。"已经有强有力的对手在我们的目标市场中占领主导地位了吗？"如果本田一开始就这么扪心自问，或许就可以避免浪费这么多钱，也免受挫败之苦。如果这一问题的答案是肯定的，就像在本案例中一样，这就是一种警告。此时，必须再自问另一个问题："我们能否进行简化，提供在实用性、易用性和艺术性方面更好的产品？"除非这一问题的答案是明确的"可以"，否则最好放弃整个项目。

每家公司都应该遵循两条决策规则：

- 如果市场领导者在功能和性能方面都极具竞争力，那你就不应该强行挤进这个市场，除非你已经对产品进行了简化与提升，使其更具使用愉悦感。
- 如果你找到了市场的空隙，且还没有公司占据价格简化的高地，而你能想出将价格减半的方式，那就放手去做吧！

1931 年，查尔斯·古斯收购了百事可乐公司。当时，古斯已经是一名成功的企业家了，但百事可乐却只是一家空壳公司，只有一个商标和配方，没有销量。古斯试图通过他的糖果连锁店洛夫特（Loft）销售百事可乐，来为品牌注入活力。但这并没有奏效。与此同时，可口可乐已在市场上占据完全的主导地位，即使在"大萧条"时期，其销量与利润也在不断增长。

古斯意识到，他必须尝试一种新的方法。因此他进行了价格简化。他有效地将百事可乐的价格降低了一半，只需要5美分就能买到一瓶12盎司（约355毫升）的百事可乐，而用同样的钱只能买一瓶6盎司（约177毫升）的可口可乐。一则电台广告开始在全国范围内进行优惠宣传：

> 百事可乐合您意
> 满满12盎司喝到爽
> 只需5美分，拥有双倍快乐
> 百事可乐，你的不二选择

这个新策略很聪明，因为一瓶可乐的大部分成本在于装瓶与分销，而非原料，因此一瓶12盎司的可乐与一瓶6盎司的可乐之间的成本差异其实很小。当然，制造和运输大瓶可乐的成本的确要高一点，但也远没有到两倍这么高。因此，12盎司的百事可乐带给顾客的额外价值远远超过了额外成本。

古斯的商业系统相当简单，却很有效。在不到4年的时间里，他建立了5家装瓶厂和一个由313家特许装瓶商组成的网络，都在大量生产这种新式大容量可乐瓶。这期间，也没有其他软饮生产商迅速采取行动，复制百事可乐的战略。可口可乐拒绝考虑价格竞争，也没有进行反击，尽管它拥有更大的经济规模与更低的成本，如果选择创建一个新的"战斗品牌"生产可乐之外的产品，模仿百事可乐的战略压低价格，它轻易就能让百事可乐破产。这是一个重大的决定。到1940年，百事可乐在不到10年的时间里已经占了整个美国软饮市场总份额的10.8%，其规模超过了可口可乐的1/5。一年后，百事宣布其税前利润为1490万美元，与市场领导者的5520万美元相比也非常可观。

从最初的一枝独秀到如今的双雄争霸，这一切都始于百事在价格简化的高地里发现了被可口可乐忽略的市场空隙。

但是，如果已经存在一个大众市场，却没有实质性的优质市场，又该如何呢？如果你能想出一个全新战略，并建立一个独特的新商业体系，那就占领这片市场空地吧：

- 如果没有一家公司是明显的命题简化领导者，而你可以依靠简化提供更好的产品或体验，那就放手一搏吧！

1921年，GM（通用汽车公司）的老板皮埃尔·杜邦要求其运营副总裁阿尔费雷德·斯隆研究产品政策，并制定出能与福特竞争的新战略。前景看来有些黯淡——当时福特在市场上占据主导地位，市场占有率62%，而通用汽车的规模只有其1/4。事实上，通用在成本与利润方面的劣势非常明显，因为其销量被5家独立的公司分摊，而这些分公司之间的竞争都像通用与福特之间的竞争一般激烈。

面对这一令人不快的任务，斯隆并没有试图在价格简化的领域与福特一较高下。相反，他把通用汽车推向了命题简化的策略方向。他定义了新的细分市场，并为其量身定制了能够吸引目标客户的产品。首先，他给通用旗下5种型号的汽车各自打造了不同的定位与价格范围，消除了它们彼此之间对同类客户的竞争。这不仅提高了通用汽车的利润，也为购买者简化了产品形象与定位。每款车型都是根据不同买家（主要是男性买家）的购买力定制的。入门级的品牌是雪佛兰，其定位是比福特T型车更好，但价格略贵一些的替代品。往上一级是奥克兰（很快改名为庞蒂亚克），然后是别克，再是奥兹莫比尔，最高端的是受众人仰望的凯迪拉克。通用汽车还鼓励顾客们以旧换新，用已经拥有的通用车型去换购更高级别的产品。

斯隆还推行了年度型号变化。他曾这样写道："新型号的变化，应该足够新颖、足够有吸引力，以体现对新价值的追求。"他将此定义为一种风格，也就是我们所说的"艺术"。"通用汽车每一个系列的产品都必须拥有独特的外观，让人们一看就知道是雪佛兰、庞蒂亚克、奥兹莫比尔、别克，还是凯迪拉克。"他在底特律成立了一个全新的"艺术与色彩部门"，并任命曾在好莱坞工作的哈利·厄尔为主管，为电影明星定制车身。更谦虚一点说，斯隆希望拥有一辆通用汽车能为顾客带来乐趣，并以某种方式让汽车反映出顾客的个性。而亨利·福特则恰恰相反，历史学家理查德·泰德罗曾说："福特从未对顾客自我个性的表达做出任何妥协……他始终强调，除了基本交通工具之外，人们不应该对汽车有任何其他需求。"

斯隆还提高了汽车的易用性与实用性，增加了换挡器、减震器等新设备作为标准配置，这些都是福特的T型车所不具备的功能。最后，他还通过向客户与经销商提供信贷业务来促进购买，使通用成为第一家提供贷款服务的汽车制造商。这些政策下达后，当地经销商立刻争先恐后地抛弃了节俭朴素的福特系统，转向更加慷慨、开放的通用汽车系统，使得通用的经销商网络在质量与数量上都有了大幅提升。这对通用汽车以旧换新、以低型号换高型号的换购政策尤其重要，也是仍然只靠一种车型走天下的福特车无法效仿的。斯隆积极与经销商联系，请他们对通用汽车的产品、计划以及顾客的态度进行反馈。他甚至把一节铁路车厢改装成办公室，这样他和他的团队就可以依次拜访一座城市里的每一个经销商。

通过实行这些与福特完全相反的措施，通用汽车不仅占据了产品定位空间，还在 1931 年获得了整个市场的领导地位，并在接下来的 77 年里始终保持着这一地位。它最终在 2007 年失去了领导地位，在另一位命题简化者丰田面前败下阵来。就像通用汽车几十年前所做的那样，丰田提供了更简单、更高质量的产品系列。2008 年，通用旗下 9 款不同车型的定价均为 25500 美元，而丰田只有两种车型。

因此，我们可以用一条规则重述这一教训：

- 瞄准空隙，在其他人行动之前反其道而行，采取与市场领导者相反的策略。

这把我们引向了下一个测试。

钥匙测试

成功的简化者总能发现一把或一串新钥匙，来打开并改造一个市场。但这些钥匙并不是基于市场调研，相反，它们来自优秀的洞察力，往往是一瞬间的顿悟或灵光乍现，并且这样的灵感大多来自办公室之外的地方。但我们写这本书的目的之一，就是简化这种洞察力，并使之系统化。我们相信，通过研究过往的概念性突破，就有可能模仿它们，并使其适用于全新的环境。

通过研究，我们有了一个显著的发现，就是在成功的简化案例中会有某些特定的模式反复出现。最初可能会有一把开启想象力的钥匙，比如英格瓦·坎普拉德拆下桌子的四条腿，将其塞进汽车后备厢；麦当劳兄弟把工业化的流水线用于自家的餐厅……这第一把钥匙往往会带领我们找到第二把、第三把、第四把，最终我们就拥有了一串钥匙。

另一个发现是，解开两种主要简化方式的钥匙是不同的，但在同一种简化类型中的钥匙又是相似的。如果仔细想一想，这并不奇怪。正如一本成功的小说只需要 7 个基本情节一样，实现价格简化的目标也只需屈指可数的几个方法，而想要实现与之相反的命题简化的目标，也只需要为数不多的几个不同方法。

价格简化的钥匙

价格简化的唯一目标就是将成本降低至少一半。在先前的案例分析中，我们已经看到了用来实现这一目标的关键：

- 福特：减少品类、重新设计产品、引进新的生产系统（大量投资和发明流水线）、使用更高质量的材料。
- 宜家：重新设计产品、控制家具制造商、减少种类、建立大型商店、鼓励顾客参与其中（自助服务与自助运输以及自助组装）。
- 麦当劳：减少品类、自动化、加速供餐服务、联合顾客与经销商、使用更高品质的食材。
- 企鹅图书：减少种类、创造新的分销渠道、提高内容质量、减少杂项开支、拉拢作者与其他出版商。
- 本田：减少种类、缩小产品规模、降低劳动力与主要部件（发动机）的成本。
- 百事可乐：以同样的价格供应量更大的产品、使用有效广告进行宣传、引进新的分销系统、破坏市场领导者的价格保护伞。这些主题，在本书之后即将讨论到的案例分析中还会反复出现。

命题简化的钥匙

命题简化者的目的是通过提高易用性、实用性和艺术性，使产品或服务拥有使用乐趣。到目前为止，我们看到了以下几个关键的成功案例：

- 苹果麦金塔：创建高端客户群、使产品对客户来说更加直观，设计出一个用户友好、美观并比现存所有电脑更好用的产品。
- 优步：通过新软件，让乘坐出租车的体验更快、更友好、更可靠，往往也更便宜。
- 波士顿咨询：创造全新高端"战略"产品（从"工时效率"概念提出以来的首个新型咨询产品）；凝练思想，使制定战略的过程变得难忘而有趣；选择一些原则，让任何经过适当培训的人都能轻松使用；在公司内部传达共享框架，确定行动的先后顺序并使项目标准化。
- 贝恩公司：打造新型、高端的"首席执行官"服务，联合首席执行官们，提高客户公司获利的便捷性和咨询过程的实用性。
- 通用汽车：在中高端市场中建立新的细分市场，每个细分市场都针对不同的客户群，有独特的风格与外观；通过品牌差异化和新的年度车型提升客户效用；引入新功能，提升驾驶乐趣；通过信贷业务让顾客与经销商购买更方便。

如果你看见一把钥匙，并能判断其属于价格简化或是命题简化，这至少会给你一个线索，让你判断应该使用哪一种简化策略。

现在，是我们最后一项测试。

更好的技能测试

为了成为一名成功的简化者，你的公司需要具备符合市场要求的技能，但同时也必须比任何当前或潜在竞争对手更擅长以某种方式进行简化。这对公司来说是一个艰难的考验，公司很容易自欺欺人，抑或是错过一项它们并不具备却为其他公司所拥有的重要技能。

回想一下二十世纪八九十年代的个人电脑之争，时至今日我们仍然能够感受到这场"战争"的影响，因为它同时削弱了两家商业巨头（IBM 和施乐），还直接促成了另一家公司（苹果）的崛起。而苹果可能是我们这个时代最为成功和经久不衰的案例了。

首先，让我们思考一下施乐公司的情况。施乐（或者说是施乐的一家衍生公司）本可以成为 20 世纪 80 年代以来最具价值的公司。施乐帕克研究中心的计算机科学家发明了现代个人电脑和其他许多东西。他们可以宣称是自己开发了桌面与鼠标，他们也可以享受本应属于自己的权利与荣耀。想象一下，如果 1979 年乔布斯被其在施乐帕克研究中心的所见所闻深深打动，决定成为施乐的一分子，接下来会发生怎样的事情？再想象一下，如果这家总部在纽约的复印机公司的领导者，在群力群策下决定收购苹果，又会发生什么呢？原本，他们只需花一小笔备用金就可以完成这样的收购。试想如果施乐的老板得到了可靠的建议，把施乐帕克研究中心与苹果合并（二者在地理位置和企业文化上都很相近），让乔布斯掌管"施乐苹果"；如果他们再使苹果脱离施乐，将其作为一家独立的上市公司，并让乔布斯和他的伙伴成为新公司的主要股东，又会发生什么？再想象一下，如果身为头号人物的乔布斯同意雇用一名顶级首席执行官或首席运营官，委其以管理这些技术精英的重任，并且这两位老板相处得十分融洽，又会发生什么？

这个世界本可以见证许多的精彩，我们还可以有更多想象。施乐的资金加上苹果与施乐帕克研究中心的专业技术，一定会带来最了不起的第二代个人电脑——配有桌面、鼠标、流畅的滚动体验和足够长的续航时间，而不是等待 20 世纪 80 年代末最终由麦金塔来实现这一壮举，它原本早在 1981 或 1982 年就应实现。如果那样的话，乔布斯也不会被赶出苹果，"施乐苹果"也不会因为牛顿系列产品而乱了阵脚。与其相反，它应在 20 世纪 90 年代就拥抱 iPod、iPhone 和 iPad 的美丽新世界，而无须苦苦等到千禧之年。硅谷的大部分顶尖人才也肯定都会青睐"施乐苹果"。

然而，真正的历史却并非如此。就自身而言，施乐帕克研究中心完全没有利用其发现成果。原因有二。其一，施乐帕克研究中心的商业技能极其薄弱，甚至可以说是没有，而施乐公司的其他部门也是如此。虽然本可以从外部引进出色的产品管理技巧，但一个不了解其重要性的总部绝不可能做到这一点。施乐也确实没有这样做！二十世纪，施乐总部或许比任何其他公司的总部失去的股东价值都要多，因为它完完全全忽视了自己在加利福尼亚所拥有的潜在金矿。

其二，也是更重要的原因，施乐帕克研究中心的工作人员不具备乔布斯那样的简化意识。他们没能理解"易用性"的重要之处。如果他们明白这一点，他们就会让鼠标用起来更方便，改进鼠标平滑滚动的问题，也会以更快的速度将他们的"所见即所得"进行商业化。他们也没有努力使其产品更加实用，没有意识到靓丽外观与时髦设计的重要性。这是因为，他们从未将计算机视作一件日用消费品。

简言之，尽管施乐帕克研究中心的工程师们是具有开拓性的杰出创新者，但他们并没有乔布斯对于简化产品的远见。他们轻轻松松地就能理解，甚至是享受他们每天都要与之打交道的复杂性，但对简化丝毫不感兴趣。他们转胜为败，因为他们热爱复杂胜过简单。任何将施乐之星与麦金塔进行过比较的人都会知道这是事实。前者笨重、设计过度、难以使用；后者则直观、优雅，一旦电量足够，使用体验就会非常愉快。

那IBM又是怎样的呢？它也不是天然的价格简化者。它从未打算制造市场上最便宜的个人电脑，更没有打算制造最便宜的"高质量"电脑，并且还因为开销过高而举步维艰。那么，它是一名命题简化者吗？或者说，它可以成为一名命题简化者吗？

如果时间回到20世纪80年代初，我们可能会说IBM定义了个人电脑的标准，并且是通过简化来实现这一点的。正如我们之前看到的，IBM在1981年推出了个人电脑，并在之后的两年占据了市场份额的1/4，轻松超过了苹果二代。然而，从1984年麦金塔出现的那一刻起，IBM明显失去了命题简化这一亮点，开始走下坡路，因为苹果的操作系统用起来实在太方便了。之后，IBM忙着与微软结盟，推出Windows系统，但从未赶上过苹果。诚然，IBM在之后的很多年里销量都比苹果好，但苹果将高端市场收入囊中，将其发展为价值与利润更高的业务。与此同时，IBM卖出的每一台个人电脑都是亏本的。

IBM本应有两条路可走——要么生产一台明显优于麦金塔的电脑（更实用、更易用、更美观），要么就以更低的价格售卖。但它哪条路都没有走。相反，它仍停留在中间地带，被顶尖的苹果与处在大众市场的惠普、康柏和戴尔围追堵截。

但是，真的有更好的选择吗？在高端市场，IBM 只有通过先收购苹果，然后再进行"反向收购"才能获得成功，在这种情况下，庞然大物 IBM 的缰绳才会被小规模的苹果掌握。这种情形是不可能出现的。那么，大众市场又如何呢？当然，IBM 可以坚持要求当时还是一家小公司的微软，不许将 Windows 软件授权给其他电脑制造商。但尽管如此，IBM 仍然会受到其高成本结构（成功的销售团队和无与伦比的技术支持）的限制，并且他的客户群往往局限于部分大型与中型公司。很难想象惠普、康柏、戴尔或是其他公司找不到解决软件使用问题的方法，它们或许会支持微软的某个竞争对手，然后通过向客户直销来超越 IBM，让 IBM 的高薪销售队伍成为累赘而非资产。

IBM 或许还有一条可行之道，那就是在全球范围内寻找成本最低的个人电脑制造商，并将其一切制造业务外包出去，关闭其在美工厂，解散销售团队，并采取戴尔的直销模式。当然，这样一来，IBM 也就不会成为 IBM 了。

上述的简化测试明确指出 IBM 的中间路线从一开始就是不可行的（如果不采取极端措施或彻底转型），因为它面对的是一个更擅长命题简化的对手，和多个更擅长价格简化的对手。

因此，技能测试至关重要，尽管它对于管理层来说可能非常难以接受。在某些情况下，企业变革或转型只能依靠持不同意见的管理派别，或是采取激进行动的投资者。然而，技能测试必须被理解和广泛使用。在 20 世纪 70 年代末与 80 年代初，没有人能意识到 IBM 注定会失败。然而，如果 IBM 的老板们当时探讨了其公司是否能比竞争对手更好地追求这两种简化策略，他们可能就会发现这个预兆。类似的分析同样适用于当今世界上非常有价值的部分公司，毫无疑问，它们之中有一些也注定会失败。

关键点

1. 完成"倾向测试"。看看你的公司是"天生的"价格简化者还是"天生的"命题简化者。

2. "市场间隙测试"让你思考,你身处的市场上是否已经有价格简化者或命题简化者。如果你的公司的策略方向在市场中仍然空缺,赶紧抓住机会。如果它已经被占领了,那就要小心了。

3. "钥匙测试"邀请你寻找一串开启简化模式的钥匙。最好的线索或许就是和你同类型、此前已经大获成功的简化者们在其他市场上的表现。

4. "更好的技能测试"说明,为了取得长远成功,你的公司不仅需要具备执行两种简化战略之一的能力,还需要具备比任何竞争者都强的运用能力。你认为你的公司符合这些标准吗?

5. 如果这些测试都指向同一个方向,那么你的策略就具有内部的一致性,也是具有意义的。总体来说,这些测试都很难通过。如果你的公司没能通过这些测试,你必须仔细思考如何才能使它免受彻底的价格简化者或命题简化者的威胁。如果这种可能性不大,或许你应该考虑换一家有巨大简化机会的公司。如果你是一名投资者,也不妨这样试一试。

现在,你应该已经能够确定你的公司是应该成为一名价格简化者还是命题简化者了。但是,你究竟如何才能真正成为这两类简化者之一呢?接下来的三章内容,我们将给出答案。

第 9 章　如何进行命题简化？

你需要一种以产品为导向的文化。

——史蒂夫·乔布斯

一名优秀的出租车司机，其驾驶技术或许要比糟糕的司机好上两三倍。但一位出色的设计师却能比糟糕的设计师好上一百倍，甚至两百倍。

——史蒂夫·乔布斯

好的设计，就是极简的设计。

——迪特·拉姆斯

产品设计几乎是命题简化的全部。其目的就是提升产品的使用乐趣：首要的是易用性；接下来，如果可能的话，是更高的实用性和艺术性。

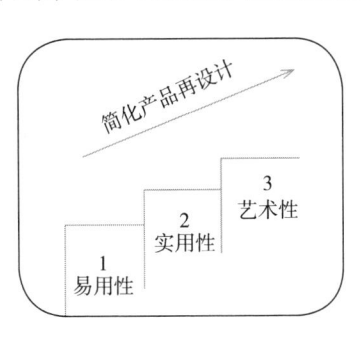

图 9-1　开启命题革命的三步骤

如果一款新产品或新服务比对手的产品更加实用和美观，却没有更加方便用户使用，那命题简化就没有产生。产品本身可能很好，但本书的观点对其并不适用。例如，1963 年推出的保时捷 911，给客户带来了不同于任何同类跑车的驾驶体验，可以说是一件艺术品。但 911 并没有简化驾驶过程；相反，由于其后置引擎与不寻常的重量分布，驾驶变得更加困难。汽车发烧友们或许会将其视作 911 魅力的一部分，但这也让其无法被归类于命题简化产品。同时，911 的制造也不比同类汽车简单或便宜，所以它也不是价格简化的案例。一般来说，简化策略对于诸如保时捷汽车和劳力士手表这类奢侈品而言，既无必要也不自然。奢侈品市场对价格不敏感，而复杂性则往往是奢侈品的一大魅力。

根据我们的定义，所有成功命题简化的例子都涉及易用性的提升。这一属性对于带来更高的客户采用率而言至关重要，如果一样产品或服务非常易于使用，就会有更多人愿意选择使用它。情况就是这样的，命题简化并不总是包括让产品更实用或更美观（尽管这也经常发生）。

第一步：易用性

最重要的第一步，就是让用户体验更加简便，这是命题简化的重中之重。它需要我们设身处地从用户的角度出发，肩负起真正的简化使命。

你认为谁会成为更好的电子设备设计师？是一个有计算机天赋、即使回到操作电脑需要真正技巧的年代也能轻松上手的人吗？还是一个认为操作电脑极其困难的人呢？我们来听听后者的说法吧：

大学期间，我感觉到自己在操作电脑方面真的面临很大的困难。我确信我在技术方面没有天赋……但就在我的学生时代快结束时，我发现了麦金塔。我至今都记得当时自己深深震撼于它的操作过程是那么简单……我被整个针对用户体验的精心设计深深打动了。我感觉通过这台电脑，我与麦金塔的设计师们紧密相连。

说出这番话的是乔纳森·伊夫，伦敦一名银匠的儿子。后来他成了一名产品设计师，成了 iMac、MacBook Air、iPod、iPhone、iPad 和苹果手表背后的男人。如果我们仔细看看这些设备（以及我们在其他简化案例中分析的设备）是如何提升易用性的，我们可以看到 5 个重要方法：

- 删减；
- 更加直观、便捷；
- 更快；
- 更小、更轻、更便携；
- 更易获得。

删减

请记住，史蒂夫·乔布斯曾"通过减少按钮，简化了设备；通过减少功能，简化了软件；通过减少选项，简化了操作界面"。在设计麦金塔时，他取消了所有功能键和光标箭头，而当时其他电脑制造商都认为这些功能是必不可少的。用户被迫使用鼠标，但一旦他们习惯了，就会很快迷上这种更加简洁的、在屏幕上移动光标的方式。被乔布斯称为"精神伙伴"的伊夫，在苹果的职业生涯也是从"删减"开始的。"我们想删减掉所有不必要的东西，"他曾这么说道，"我们一次又一次回到原点，不断问自己'我们需要这个部分吗？我们可以让它发挥其他四个部分的功能吗？'，不断地减少变成了机械性的练习，但这让产品更易于制造，也更易于我们开展工作。"

更加直观、便捷

对于用户而言的简洁隐藏在背后巨大而复杂的工作量之下。伊夫说，他的目标是"解决最复杂的问题，并使最终的解决方案成为用户寻求答案的必然结果，使用产品的过程极其简单，这样用户就不会知道背后的艰辛与困难"。

iPad 就是一个极好的例证。你是否曾看到过在医院等候室或飞机上，一个路都走不利索的孩子拿着 iPad 玩游戏或看动画片？连两三岁的孩子都能把 iPad 玩得得心应手。这台设备不允许出现任何使用障碍，也不会让客户因不会用而产生沮丧，这正是 iPad 无法被复制的理由。

更快

几乎所有设备都在加速使用的过程，但有些设备的速度比其他设备更快——启动更快、操作更快、服务更快。仅仅通过比对手快得多的操作速度，产品和服务就可以创造一个在未来几十年内都占据主导地位的全新市场或利基市场。1948 年，宝丽来首次推出拍立得相机，此后宝丽来公司在市场上保持了逾 40 年的主导地位，仅在 1978 年就售出 1430 万台相机。当然，它最终还是被数码相机取代了。

雀巢胶囊咖啡机是另一个绝佳案例。其制作高品质咖啡的速度远超任何咖啡品质相当的竞争对手，而且使用方便、外观时尚，清洗也很便捷。

更小、更轻、更便携

1979 年盛田昭夫的索尼公司推出的随身听（Walkman），比其他磁带机更容易使用，而其最大的优势还是在于便携性。以前，人们走在街上，肩上要扛着巨大的手提播放器。而随身听则删减了内置扬声器，用小型耳机取而代之，同时具备录音功能。索尼通过利用内部技术人员在微型化上的本领，使得制造一台可以随身携带的轻薄机器变成可能。随身听还能播放磁带，这意味着它不仅比竞争对手更加轻巧，而且音质更好。在与东芝（Toshiba）、爱华（Aiwa）和松下（Panasonic）的激烈竞争中，直至 20 世纪 90 年代末，索尼产品在其细分市场仍占据主导地位，盈利丰厚。直到 iPod 和 iTunes 通过产品重塑，超越了索尼的易用性、小型化与便携性等优势时，索尼才开始衰落。

更易获得

iTunes 让音乐的购买更加便捷。人们不再需要跑到唱片店，而且首次可以单独购买专辑中的某一曲目，还可以从比唱片店更广泛的库存中进行选择。此后，声破天将这一过程向前更加推进了一步，让用户可以通过流媒体即时访问数百万首歌曲。

当然，让产品更易获得并不是一个新的想法。正如我们前面所看到的，在 20 世纪 20 年代，通用汽车就为那些想换购更高价汽车的客户提供了信贷服务。但现在我们有更新的手段让产品更易获得。与传统汽车租赁公司不同，成立于 2000 年的 Zipcar，让顾客可以按小时租用车辆，并且整个租用过程非常快速、畅通无阻。它采用会员制模式运作——一旦你成为会员，就能通过会员卡或手机解锁车辆，在几秒内就能把车开走。Zipcar 的汽车都停在街边的车位上，比大多数汽车租赁公司都更接近顾客。安淮士·巴基特集团（Avis Budget Group）在 2014 年以约 5 亿美元的价格收购了 Zipcar。

贷款供应商 Wonga 在英国、欧洲、加拿大和南非提供"发薪日"借贷，其戏剧性而充满争议的成功是基于它让合格的申请人能够更容易获得资金垫款。Wonga 大大地简化了整个贷款流程：获取短期贷款，然后在接下来的几周内将本金和非常高的利息还给公司。事实上，已经有监管机构对此提出反对，认为 Wonga 不仅收取过高利息，还让贷款变得过于容易。最近，英国等国家已经为此类公司收取的利息设置了上限。

第二步：更实用

让产品或服务更实用，有以下 5 个方法：

- 提高性能，使功能多样化；
- 提高质量；
- 在不影响易用性的情况下增加新功能；
- 提供更多样化的产品；[1]
- 个性化。

有些命题简化产品因同时具备上述 5 个方面而更实用。例如：

- 脸书为互联网提供了一个"社交操作系统"，旨在成为用户在线

---

[1] 如上所述，价格简化者通常会减少品种以削减成本。但命题简化者则不同，他们倾向于对产品进行优化，有时的确需要增加产品种类。

社交生活的中心。我们可以认为，与人们保持联系和互动的传统方式相比，它符合上述所有条件，在保证易用性的同时，还在网站上提供了广泛的活动。
- 猫途鹰（TripAdviser）、谷歌搜索和优步也同样满足这 5 个条件，就像 20 世纪 20 年代的通用汽车一样。

其他满足以上大部分条件的命题简化企业有：

- 波士顿咨询提供了一个原创的决策框架，即著名的波士顿矩阵，其中包含的概念有现金牛、瘦狗、明星和问号等，比之前的任何构想都更简单明了、更加强大、质量更高，使公司能够拥有一种新能力（相对市场份额），也让矩阵能够根据公司的确切情况进行个性化调整。

但在某些案例中，只有一两种增加实用性的方式脱颖而出：

- 星巴克的实用性，在于其方便朋友聚会、环境宜人。你不会喝完咖啡就被赶走，而且无线网也是免费的。对了，它们还卖各种各样的咖啡豆（尽管对于咖啡品质如何存在很大的争议）。
- 索尼随身听因其超高的音质而更实用。事实上，索尼随身听实用性的提高是有限的，它最大的吸引力在于其便携性，以及由此而来的易用性。

尽管绝大多数命题简化的例子里都使实用性更高，但在某些情况下，实用性却无关紧要。比如，在 Wonga 和 Zipcar 的例子中，易用性（特别是获得产品的便利性）是首要优势；而产品的基本效用（分别为短期贷款和租车）几乎没有任何变化。

图 9-2 展示了特定公司与产品增加实用性的方式。它是否激发了你对自己的产品或是服务产生新想法呢？

	性能提升	质量提升	新功能	多样化	个性化
通用汽车	●	●	●	●	●
半导体收音机	—	—	—	—	—
索尼数码相机	●	●	●	—	●
戴森无尘袋吸尘器	●	—	—	—	—
雀巢胶囊咖啡机		●		●	
任天堂 Wii	●		●		
麦金塔电脑	●	●	●	—	●
iPod	●	●	●		●
iPhone		●			●
iPad	●	●			●
谷歌搜索			●	●	●
谷歌地图	—	—	●	●	●
猫途鹰		●	●	●	
脸书	●	●		●	●
Wonga	—		—	—	—
索尼随身听					
星巴克		●		●	
易贝	—		●		●
推特	—	—	●	●	●
波士顿咨询	●	●	●		
贝恩咨询	●	●		—	
优步	●	●	●	●	
Zipcar	—		—	—	—

图 9-2　一些命题简化者为增强产品实用性所采取的创新措施

在所有案例中，命题简化者的标志性特点就是，在不让用户体验更复杂的情况下，切实增强产品实用性。此外，产品实用性的提升，往往都与易用性的提升相结合。

第三步：更具艺术性

回想一下，在前文，我们把"艺术性"定义成一切能够提高产品吸引力，但不能被归于实用性或易用性的特征。艺术性与产品或服务的外观和质感相关，是产品与服务带给客户的感觉，以及它们如何将一次消费行为转化为愉快的体验。

史蒂夫·乔布斯比任何人都深谙这一点。在生产苹果二代电脑时，他从 5 年前美膳雅推出的革命性食物料理机中汲取了灵感。这款料理机外形圆润而透明，不仅极具实用性，而且非常美观。乔布斯向员工反复重申，要让苹果电脑"看起来对用户非常友好"。几乎没有人能明白他到底在说什么，但这正是他相较其竞争对手的一大优势。令人难以想象的是，IBM 如此能干的设计师们无法理解"温暖而友好"的机器这一理念。对此，乔布斯解释说："我们其实是在致力于打造达到现代艺术博物馆级别的艺术品质。"他甚至要求这一原则还要能应用于看不见的部件，比如主板，"我希望它可以尽可能美观，即使它藏在机箱里。就算没人看得到，一名好木匠也永远不会暗自用烂木材做橱柜的背面"。第一印象至关重要，"当你打开 iPhone 或 iPad 的包装盒时，我们希望第一时间的触觉体验能够奠定你对于产品的感知"。

在我们所提及的命题简化案例中，十有八九都为产品注入了大量的艺术元素。最早的例子就是阿尔费雷德·斯隆决定每年都更换通用汽车的车型，这也是汽车行业内首次有人对汽车的风格与时尚做出如此追求。他说："汽车的外观是至关重要的因素……甚至可以说是最重要的因素。"

如今，谷歌、推特和声破天这样的互联网公司在自我展示方面都下足了功夫。2007 年，社交网站 MySpace 的规模是脸书的 3 倍，当时《纽约时报》有一篇报道曾预言，后者"干净、统一的外观"与前者杂乱无章的布局版面形成了鲜明对比。一名同时使用两款社交媒体的用户也表示，他每天会登录查看脸书好几次，但几乎已经不再登录他的 MySpace 账号了。他说："MySpace 实在是太乱了，还会给我发很多垃圾邮件。一点儿都不值得使用。"

艺术可以对产品或服务进行简化，但也能使其更加复杂。你的目标是简化，力求可以不通过文字或其他形式的阐释来更加直接、直观地传递信息。第一台麦金塔电脑的桌面图标，以及 iPod、iPhone 和 iPad 的触屏功能让我们看到了艺术与科技的完美结合，这不仅让用户拥有更愉快的使用体验，也让他们的生活更加轻松与充实。最好的简化艺术，其重要性不仅在于艺术本身，也在于它与易用性和实用性结合所产生的切实利益。

韦士柏踏板车展现了艺术与易用性的完美结合。它问世于 1946 年，既是一件艺术作品，又是一台非常实用的机器。其设计旨在让那些衣着光鲜的骑行者也能轻松驾驭踏板车。身着西装的男性与裙子长及脚踝的女性都可以在不用担心衣服被破坏的情况下骑上韦士柏。据专利文献记载，韦士柏踏板车拥有"覆盖所有工作元件的挡泥板和发动机罩"，从而能够"在无碍于外表与美观的情况下，做到泥尘防护"。1953 年的电影《罗马假日》(*Roman Holiday*) 中，奥黛丽·赫本就是侧身坐在格里高利·派克的韦士柏上，在罗马街头徜徉的。20 世纪 60 年代，韦士柏踏板车仍被奉为时尚的标志，因受披头士乐队的推广而更加盛名在外，更在费里尼的电影《甜蜜生活》(La Dolce Vita) 中大放异彩。

另一款通过艺术性来加强易用性与实用价值的产品，是戴森无尘袋吸尘器。它比传统吸尘器更方便使用，因为它不需要更换尘袋。它通过已获专利的气旋分离技术提高了吸尘器的性能。同时，它也展现了简化的艺术，你可以看到吸尘器工作的过程，从而让你意识到机器正在正常运行。

因此，对任何命题简化者而言，艺术性都是非常重要的元素，但它在不同产品之间的体现有着巨大的差异。但无论采取何种形式的艺术性，需要创造新产品的"艺术家"和设计师们都应该清楚地认识到，他们的使命是进行简化，并且提升产品的使用乐趣。因此，你需要聘请你承受范围内最好的创意人才，并在委任他们之前确保他们对产品满怀热爱。

价格简化或命题简化是免费服务吗？

将一项服务的价格削减至零，或许看上去是一种极端的价格简化形式。但事实上，零价格始终是一种错觉。免费并不是真正的一分钱不收，而是一笔交易。

关于这一点，有两种常见的模型。一种是以零售价格向消费者提供服务，但供应商的商业模式依赖于销售广告。在这种情况下，供应商购买的是消费者的注意力，并将这种注意力再卖给第三方。脸书、推特等社交媒体公司，用的就是这种模式，谷歌搜索也是如此，尽管方式略有不同。这是一种非常古老的模式，可以追溯到最早期的报纸、商业电台和电视节目。

而另一种则是"免费增值"模型,即向所有用户免费提供基本服务,但高级服务需要单独付费获取。从 Tinder 这样的交友软件,到多宝箱（Dropbox）和声破天,再到新闻与杂志网站,这一模型广泛应用于软件服务型商业模型中。大多数用户会选择使用免费的基础服务,但成功的公司可以吸引足够多的高级用户,以从收费服务中获利。当然,对于那些试用过免费服务,然后决定为高级服务买单的顾客来说,"免费"只是一种错觉。

竞争的基础并非价格,而是定位。那些成功的交友网站,肯定是为其目标市场提供最具吸引力服务的网站；那些成功的搜索引擎,肯定是因其运行方式而受用户喜爱,从而成为拥有最多用户的搜索引擎。而这其中的奥秘,就是我们的三位（不免费的）朋友：让产品和服务更易用、更实用、更美观。免费服务的规则与其他任何形式的命题简化的规则完全相同。对于某一特定群体的参与者,服务可以是免费的,以便产品可以顺利进入市场,同时也有助于建立一个大型的、有潜在价值的网络,以便将产品销售给不同的客户群体。

结论

若要进行命题简化,你需要在 3 条评判标准上超越竞争对手,即使产品或服务更易用、更实用、更有吸引力。如果自己做到这些,你就能坐享高增长与高利润,同时实现现金流与公司估值的激增。当命题简化催生出一个全新的大众市场时,就是中大奖的幸运时刻。当史蒂夫·乔布斯在 1997 年回到苹果公司,重新开始命题简化时,公司估值为 22.5 亿美元。而在撰写本书时,苹果市值已达到 7420 亿美元,约是当年的 330 倍。

但命题简化有个致命弱点，就是它很难抵御其模仿者，也无法阻挡新的命题简化者提出更独特、更具吸引力的产品。命题简化是一项创新但又单调的任务，很少有公司可以坚持超过 10 年甚至 20 年。如今，一件具有突破性的产品或许只能领跑 5 年，然后就难逃倒退、被模仿、失去市场份额与利润的宿命。因此，即使是那些曾实现超高市值、非常成功的命题简化产品，最终的结局往往也是"泯然众人矣"。问题就在于防御性，或者说，缺乏防御性。此外正如我们在麦肯锡、波士顿咨询和贝恩公司的案例中看到的那样，命题简化可以带来微妙的差异化竞争，即几家公司能够分别领先于各自的细分市场，同时还能保有巨大的利润，而这些细分市场往往会被外界认为是单一市场（但事实并非如此）。

价格简化的运作方式则不同。它所产生的利润要低得多，防御性却更强。这就是为什么许多最成功的的价格简化公司多年来始终保持领先地位。像麦当劳、宜家和廉价航空这样的价格简化企业，随着时间推移，其市场份额稳步增长，这都再正常不过。而且同众多命题简化者相比，这些企业在竞争中会更安全。其原因就在于，除了对产品进行彻底的重新设计外，价格简化者还对整个商业系统进行了重新设计，从而在低成本市场稳固其竞争者难以挑战的地位，并建立起额外防御措施，保护企业长期发展。在下一章，我们将进一步讲述价格简化者是如何做到这一点的。

关键点

1. 命题简化的核心是对产品或服务进行全面的重新设计。你的简化必须彻底，使产品更易用、更实用、更美观。

2. 提高易用性，从而提升产品的使用乐趣。实现这一目标的 5 个最佳的方法是：删减多余的功能与组件；让使用更直观；运行更快速；让产品更小、更轻、更便携；更易获得。

3. 在不增加使用难度的情况下，让产品更实用；如果易用性没有得到改善，单单提高实用性是毫无意义的。

4. 艺术性是产品与用户之间的情感纽带，也是第三件法宝。最好的艺术不仅让人印象深刻，还会使产品更直观。

5. 命题简化可以带来销量与利润的巨大增长，这种增长或许会持续10年甚至更长时间。但最大的挑战，是如何始终领先于模仿者。以新产品为优势抢占市场先机的安全时间范围似乎在不断缩小，因此持续的创新对于保持成功至关重要。最大的危险，就是创新者们逐渐才思枯竭。

第10章　价格简化第一部分——产品再设计

> 我可以在30秒内教给你经营这家航空公司的秘诀,那就是,我们是一家廉价航空。
>
> ——赫伯·凯莱赫

你是否还记得有两到三个舱位的全方位服务航空?当时它们是跨洲旅行和国内出行的唯一选择。这并不是一套糟糕的系统,但它复杂、昂贵且排他。只有富人才会坐飞机旅行。然而,有一个人永远地改变了这一系统。在本章中,我们将讲述他是如何做到的,并探讨如何为一种由于太贵而将大多数人拒之门外的产品创造一个大众市场。这一过程就涉及产品的重新设计。

市场与公司都有一个反复出现的模式。公司提供更好、更多样化的产品,努力提高产品性能,同时也提高产品与组织的复杂性。但这样一来,却让许多顾客更难负担,顾客使用产品或服务的难度也有所上升。一旦公司变得复杂,就拉开了公司与客户之间的距离,管理者们也就会忽略他们应该做的事情,从而使产品变得更加复杂、更加昂贵。然后,突然有一两个新进入者决定简化,并大幅降价。他们提供的新产品或新服务可能在技术层面上没有那么好,但胜在更加简单和便宜(比对手便宜50%~90%)。于是,需求开始呈爆炸性增长,这一行业也随之发生剧变。

航空公司就是这一现象的完美例证。商业航空公司于第一次世界大战后开始出现，帝国航空、英国海外航空与英国欧洲航空（后来合并为英国航空公司）等航空提供了精心设计的"轴辐式"航线网络，横跨全球。仅凭一张机票，乘客就能飞往世界上的任何地方，行李也会直接托运到他们的最终目的地。根据需求与目的地，他们可以搭乘一系列不同的飞机，还可以选择不同的舱位。其中顶尖的舱位配备极其奢华的休息室，提供盛在骨瓷盘中的丰富餐食与装在水晶杯中的香槟。随着航线数量和服务标准不断提高，这一商业系统的运作也越来越复杂和昂贵。不断提高的复杂程度势必带来更高的票价，航空公司们的确也这样做了，但并没有哪一家航空公司真正从中获利，相反，许多航空公司还连续多年遭受了严重亏损。属于航空旅行的大众市场仍然遥遥无期。

这一模式在1971年戛然而止。当年，赫伯·凯莱赫创办了第一家廉价航空——西南航空公司。它在得克萨斯州的达拉斯、休斯敦和圣安东尼奥3座城市之间开辟了一条短途三角航线。如今，西南航空在美国境内运送的乘客比其他任何航空公司都要多。

那么，凯莱赫成功的秘诀是什么呢？

他通过完全重新设计产品，来进行价格简化。

他宣称："我可以在30秒内教给你运营这家航空公司的秘诀，那就是，我们是一家廉价航空。"之后他又补充说，"一旦你理解了这一事实，你就能像我一样，为这家公司的未来做出任何决定。"

凯莱赫是在自谦。实际上，他在几个关键方面简化了西南航空公司的产品，包括：

- 只提供点对点航线；
- 只提供一种舱位；

- 没有免费的茶点或休息室；
- 机队中全部机型均为波音737，简化养护、调度与培训过程；
- 登机口10分钟的转机时间；
- 利用较小的二级机场，这些机场比主要的枢纽机场更加便宜快捷；
- 直接向顾客售卖机票。

这一系统之所以有效，是因为廉价航空通常都会客满，成本被压缩到最低。

但在凯莱赫的产品再设计背后，还隐藏着一些更根本的东西。他实现了飞行的自动化，就像亨利·福特实现了汽车制造自动化、英格瓦·坎普拉德实现了家具行业自动化、麦当劳兄弟实现了汉堡包自动化一样。我们将在下一章中详细讨论这个问题。

欧洲的廉价航空公司进一步简化了凯莱赫的模板，让顾客一同参与一些工作，如在线值机、自行携带行李、确保准时登机等。这样一来，顾客与航司都节省了时间，提高了效率。

但顾客是如何从这种提高效率中受益的呢？答案很明显，那就是他们支付的价格：按每英里（1英里约为1.6千米）计算，廉价航空的航班价格通常要比全价航空的经济舱便宜至少一半，有时甚至只要1/10。此外，由于转机时间短、机场规模小，顾客得以节省大量时间，并从中获益。

给顾客带来切实利益的同时，廉价航空自身也收益颇丰。几十年来，航空业一直因不断亏损和破产而名誉扫地，即便是幸存下来的航司也收益不佳。然而，那些规模较大的廉价航空，如西南航空、易捷航空（EasyJet）与瑞安航空（Ryanair），都在收入、每股收益和股票市值方面获得了巨大增长。

然而，更重要的是，航空公司的简化让人们可以更轻易与朋友和家人团聚。它缩短了全球的距离，提升了人们的旅行体验，也丰富了数以亿计旅行者们的经验。此外，由于飞行比驾驶安全得多，所以我们甚至可以说，廉价航空已经拯救了成千上万条生命。

如何引发一场价格革命？

正如我们所知，对价格简化而言，价格就是一切。价格是战略，而其他都只是战术，即达到目标价格的手段。价格简化的依据是，如果你能将价格减半，市场将扩大一倍以上（甚至可能增加 10 倍或更多）。如果你能把价格降低 75% 以上，市场将会呈爆炸式增长。因此，从现在开始，你所做的一切，无论是思考、计划还是执行，都必须将"价格"二字有目的地牢记心间。这必须成为你心中强烈的执念。

即便有了明确的价格目标，但直到你把它与你未来的客户（目前因为产品太贵而买不起的人）相联系，它才真正脱离了抽象的概念。通过进行价格简化，你真正与那些原本想要购买产品或服务，却因价格太贵而踌躇不前的目标顾客站在了同一边。要设身处地为他们着想，学会为自己的产品降价。

最高效、最成功的价格简化者认为他们所做的事是一项使命，是一场把美好事物带给原本对它们望而却步的人的伟大变革。亨利·福特的目标是让汽车大众化，他也确实做到了；赫伯·凯莱赫致力于让飞行比驾车更便宜，以创造一个新的大众市场，这两点他也都成功做到了。

如果你正在考虑将价格减半，或许之后会再减半，你可能会意识到，这并不是"做生意的寻常之道"。寻常的方法是无法实现这一目标的，你必须做出以下 3 个基本改变：

- 必须重新设计产品，使其更加简单、更加便宜。想象一下你的目标顾客，即那些你希望帮助他们创造，并给予他们回报的人。
- 必须重新设计商业系统，让产品的生产和运输更简单、更便宜，并为你的公司提供保护，使其免受模仿者的威胁。
- 企业必须不断扩大规模，也就是说，其销量必须尽可能持续且快速地成倍增长。

现在，我们将向你解释如何实现这一切。

我们研究了最成功的价格简化者的战略，并将其总结为9个步骤（见图10-1）。步骤1~3与产品重新设计有关，步骤4~8与业务系统重新

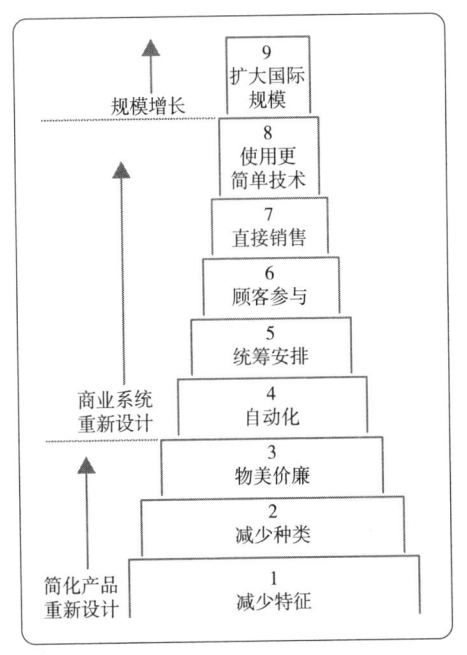

图10-1 引发价格革命的9个步骤

设计有关，而步骤 9 则与扩大业务规模有关。

我们将在本章中介绍前 3 个步骤，其余 6 个步骤将会在第 11 章详细介绍。

产品再设计

> 所有人都能提出想法，但真正有价值的，是将其发展为一款具体实用的产品。
>
> ——亨利·福特

第一步：减少特征或性能，回归产品核心功能

要发起一场价格革命，你必须明确产品的核心，也就是它的主要功能。很有可能在你开始价格革命之前，市面上的产品都已经偏离了最初的目的，拥有不止一项功能。例如，航空旅行最初的目的是比公路、铁路或海运更快地输送乘客。但很快，航空公司就把这一实用功能与其他许多功能重叠起来。即使是早期的航空旅行广告海报，也强调了飞行的乐趣、浪漫、服务、食物和饮品，以及飞行的复杂程度，而非速度。乐趣本是实用性的附加属性，却很快抢走了实用性的风头。

因此，想要在航空旅行中引发一场价格革命，就需要回归基础，回到核心功能，即将乘客快速安全地从出发地送至目的地。这需要可靠的飞机与经验丰富的机组人员。除此之外的一切都不重要，免费的餐食与饮品、休息室、托运行李、机场值机、旅行社、指定座位、昂贵的机场等等，这些都不重要。

赫伯·凯莱赫提供的是一个座位，而非一次愉快的飞行体验。这就是

最返璞归真的航空旅行。如他所说，西南航空"是一家廉价航空公司"。因此，他继续说："如果来自市场部的特蕾西建议为每个航班都提供精美的恺撒沙拉，你就必须问'这有助于我们成为一家廉价航空吗？'"答案显而易见。

这与亨利·福特的价格革命如出一辙。此前，所有非商业车辆都作为"娱乐车辆"卖给有钱的汽车爱好者。福特则回到了汽车的基本功能，也就是快速移动性。他戏称市场调研都是骗人的把戏，因为如果问民众他们想要什么，他们会回答"一匹更快的马"。但这恰恰正是T型车所能提供的。它不是一辆用来炫耀的汽车，也不是一辆考验驾驶技术的汽车，更不是一辆拥有轰鸣引擎和快速加速的汽车，但它的的确确让数以百万计的人到达了他们之前做梦都不敢想象的远方。

在宜家，购买一张沙发或桌子不再是一种人生仪式，也不再是年轻人脱离父母、开启独立生活的信号。它只是一笔再简单不过的金钱交易。你不需要销售人员的建议，不需要在多个沙发前犹豫不决，也不需要知道你是否能买到黄色圆点或棕色皮革的沙发。你购买一件商品，只是因为你需要它；在易贝，拍卖不再是以谨慎手势和疯狂竞标为标志的上流社会的仪式，而只是一种更廉价、更快速购买或出售商品的方式；在麦当劳，你并不需要各种各样的食物、烛光、穿燕尾服的男士、友好的服务生，甚至都不需要有一个坐下来的地方。你所需要的仅仅是快速、美味、充实的一餐饭。浪漫早已被抛至九霄云外，实用性才是王道。

每一场价格革命最终都会回归基础、回归经济、回归实用。如果你对一款产品的核心功能以及非核心功能了然于心，那么你就为产品的重新设计做好了准备。许多曾经被大家视为必不可少的功能和服务都会被淘汰，因此，会流失一些客户。而为了获取尽可能低的价格，通常需要在功能和客户二者之间进行取舍。

减去对产品的实用性而言不是绝对必要的一切,这样一来,你就会只剩下核心功能。

对于一款实体产品,我们可以从两个方面做减法:重量和尺寸。

削减重量

支出总是随着重量的增加而增加。20世纪,人们的生活水平能够显著提高,主要都是通过重量减轻。经济史学家告诉我们,在美国和英国,构成2000年国民生产总值的所有商品的重量与1900年时大致相同。然而,忽略物价因素,同样重量的产出,实际价值却是原来的20倍。换句话说,20世纪的产品经历了一次"大瘦身",只需当时1/20的重量就能产生同样的价值。1900年典型的计时器是怀表,与如今的斯沃琪(Swatch)手表相比非常沉重。而斯沃琪则精确度更高,并且轻得多,价格也只有前者的几十分之一。将1900年的金币与如今的纸币、信用卡或电子转账进行对比,"钱"也更轻便了。

当制造商开始使用更轻的材料代替旧材料(如福特的钒钢),或开发出全新的、更轻的材料(如塑料),当他们能够去除笨重的零部件,或用软件取代硬件时,产品的重量也减轻了。

我们来听听亨利·福特的建议:

> 先从选择一件合适的商品开始,然后找一些方法来去除这件商品完全无用的部分。这种方法适用于一切产品:一只鞋、一条裙子、一幢房屋、一个机械零部件、一条铁路、一艘汽船,甚至一架飞机。当我们剔除无用的部分,并对必要的部分进行简化的同时,也降低了制

造成本。这个逻辑很简单，但奇怪的是，通常这个过程始于以低价生产产品，而非简化产品。进行简化必须从产品着手。首先，我们需要确定它是否做得足够好、是否提供了尽可能优质的服务；然后，需要确定材料是最好的还是仅仅是最贵的；接下来，需要确定它的复杂性和重量是否可以减少……许多贫穷都源于负荷了过多的重量。

福特的目标是让他的汽车尽可能轻便，这样可以降低制造成本与运行成本，并提高其安全性：

> 有了福特汽车，每立方英寸的活塞位移只需承载7.95磅的重量。这就是为何你目之所及的地方——无论是沙土泥泞、冰川雪原，还是跋山涉水，行至无路可走的平原，福特车始终都能"一往无前"。而一辆汽车越重，需要的燃料和润滑剂就越多。
>
> 总有一天，我们会发现如何进一步减轻重量。以木材为例，在某些方面，木材是我们已知的最好材料，却极易产生浪费。一辆福特车所用的木材含有约14千克的水。一定有更好的方法可以削减这部分重量。

削减尺寸

产品尺寸越大，支出就越多。更大的产品需要使用更多的原材料，并且从组装到运送至消费者手中的整个过程都要占据更大的空间，比如在工厂、仓库、商店，以及每个阶段的运输过程。在过去的几十年间，毫无意外"瘦身"效果最好的产品就是那些降价幅度最大、继而需求量呈爆炸式增长的产品。这并不是巧合，比如，电脑、手机、音乐播放器和其他电子设备。当然，还有最节省空间的产品——云空间。调动一切可能的手段把产品尽可能缩小，从而节省空间，尤其是运输过程中所占据的空间。（回想一下英格瓦·坎普拉德的桌子腿和宜家的那些马克杯。）

第二步：减少种类，发明一件通用产品

成功的简化者会削减提供给顾客的产品种类，以降低成本和价格。理想的情况是，制造一种单一的"通用产品"，不仅生产成本更低，名气也更响，规模也更大。比如，福特 T 型车、苹果麦金塔电脑、宜家的浅色松木家具、企鹅图书、本田小摩托，以及西南航空的单舱旅行。

将许多不同的产品合并为几种或一种产品具有非常强大的经济优势：库存大量减少；存货周转率提高；单件产品产量更高，但采购成本更低；营销与销售成本更低；最终生产成本也更低。此外，一件通用产品可以作为现象级商品脱颖而出，吸引人们更多的关注与尊重，减少广告需求与国际扩张的成本，从而使知名度与销量成倍增加。

在重新设计产品时，问问自己，"我能否发明一种通用产品或与之相近的产品，它可以以很低的成本来吸引世界的目光"。这是所有价格简化者的想法。想想雷蒙·克罗克，他想让麦当劳的汉堡和薯条在世界各地都拥有如出一辙的外观和味道。简洁性孕育着普遍性，而普遍性则需要简洁性。

许多"信息产品"，如多宝箱、谷歌和声破天，都通过专注于单一实用元素，利用互联网，以惊人的速度成为通用产品。再如，我想要广而告之或小范围推送一个头条（推特）；我想私下发送消息（Snapchat）；我想知道附近谁有吸引力，而且对我感兴趣（Tinder）。从生产的角度看，通过免费赠送产品（大规模经销）以吸引高级（付费）客户，或创造大量有价值的受众，软件的轻便对通信的速度与便捷性起到了补充与完善的作用。

此外，越来越普遍的是，当人们选择了一种通信标准，网络效应就创造了一种可拓展的商业模式，似乎能在一夜之间打造一个全球品牌。

第三步：增加便宜的好处

产品重新设计的第三步，是提供让价格简化者花费甚少，但给目标客户带来巨大价值的好处。通常情况下，如果考虑到这些好处带来的额外客流和消费，简化公司往往一分钱也不用花，甚至可能还赚到了。

此前，我们看到好几个价格简化者向顾客提供额外好处的案例。例如，宜家的免费停车场、托儿所和餐厅，它用这些好处弥补了被取代的高价便利，比如组装好的家具和送货上门服务。这似乎是一个简单的案例，即通过取消昂贵的功能，并以廉价的功能取而代之来提高资产负债率。但事实上，宜家从中获得的好处远不止这些。宜家提供的这些显而易见的"赠品"吸引了更多的购买量，从而增加了利润。任何能促进销量的商品都具有很高的边际价值，而这通常能抵消提供服务所带来的额外成本。但要小心，不要让产品或业务系统复杂化，并且要避免任何可能会提高价格的做法。

如果可以的话，在不同时间或不同地点进行一项控制实验，来看看你的基础产品或额外好处是否会带来更多的净利润。

一旦你的产品被重新设计，你就应该考虑如何围绕它重新设计商业系统，以及如何以一种使整个行业效率大大提高的方式向客户提供你的简化产品，并遥遥领先于你的竞争对手。这是一项更加大胆且关键的任务，因为你的目标是要改造你的行业。我们将在下一章讲述具体的做法。

第 11 章　价格简化第二部分——商业系统再设计与扩大规模

真正的繁荣，以价格降低为标志。

——亨利·福特

正如我们在第 9 章中看到的，命题简化的起点与终点都伴随着产品的重新设计。我们也意识到，产品重新设计对价格简化至关重要。但是，价格简化者还有着比这更吸引人、更意义深远的使命。一旦产品被简化，它们必须着手重新调整整个商业系统，创造一个新的大众市场。

在第 10 章中，我们描述了成为价格简化者的前三个步骤，这些步骤都与产品再设计有关。但价格简化者还需要更进一步，即改革整个业务系统，并确保其业务规模不断扩大，直至其稳居不可替代的高位。

现在让我们来看看剩余的步骤。

重新设计业务系统，变革你所处的行业

可以采取以下 5 个步骤来重新设计你的业务系统：

- 第四步：自动化；
- 第五步：统筹安排；
- 第六步：顾客参与；

- 第七步：直接销售；
- 第八步：使用更简单的技术。

在重新设计商业系统时，采取全部 5 个以上步骤是比较罕见的现象。通常情况下，都是以其中一个步骤为重点，虽然其他的步骤也很重要，但只有这一个是你的重中之重。假设你选定了一两个在行业中可能起到颠覆作用的步骤，你就可以直接跳过那些与你的行业完全不相关的步骤。尽管如此，在我们大多数案例分析中，接下来的两个步骤，即第四步与第五步，被证明是至关重要的。

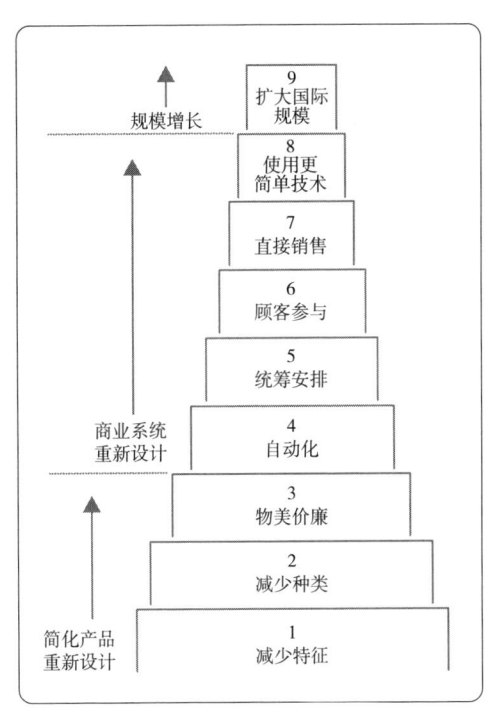

图 11-1　成为价格简化者的 9 个步骤

第四步：自动化

我们所想表达的"自动化"的意思是，你应该将产品或服务标准化，以便其能够自动重复制造，从而使资源需求降低、管理干预减少，在保证质量的同时，以更大的规模运作。常见的主题就是成本大幅降低。但是自动化可以采取许多不同形式，当一名企业家使以前被认为是"不可能"实现自动化的产品实现了自动生产时，回报就会达到最大化。例如，移动装配线让汽车自动化生产成为可能；优步使订购出租车自动化；等等。市场和商业系统的自动化是一个高度创造性的过程，那些成功实现这一点的企业家都认为在智力上（和经济上）都获得了极大的愉悦感。

为了了解如何做到这一点，我们先来想想亨利·福特是如何实现汽车生产自动化的，因为时至今日，这仍然是一个值得所有价格简化者效仿的最佳范例之一。历史学家理查德·泰德罗曾说："福特的特点就是折中主义。"福特必须进行实验，因为从没有人如此大量地制造汽车，不仅是在汽车行业，在任何其他类似行业中，都没有这样大规模生产的模式可循。①

福特从产品的再设计开始，T型车是他生产的第9种车型，他花费了足足5年来完善它。我们已经介绍了他是如何设计T型车、如何以极低的价格造出如此坚固的汽车的，但我们还没有讲到福特是以何种方式进行设计，使其实现自动化生产的。1903年，在T型车问世的5年前，福特同他的另一名合作伙伴说："制造汽车的方法，就是要让这辆车和那辆车一样，彼此相同，保证在出厂时每辆车都完全一致，就像针厂生产的每一根针都

---

① 动画片《我快乐的奥兹汽车》里的奥兹车，实际上是一款机动越野车，也是迄今为止在T型车之前销量最大的车型。严格来说，奥兹汽车不能与福特的家庭汽车相提并论。1904年，它共售出5000辆，成为当时市场的领导者，之后在索姆·E. 奥兹与金融家们闹翻后，逐渐失去了市场份额。而T型车在1908年卖出了5986辆，1909年销量升至了12292辆，在1916年更达到了577036辆。

是相同的一样。"

他开始时的目标价格是 600 美元,最初(1909 年)他的最低定价是 950 美元,后来通过不断实验,他终于实现了目标。在福特对自动化的追求过程中,共有四大里程碑事件。第一,他在海兰帕克建立了世界上最大的工厂,于 1910 年元旦开始营业。第二,他组织生产,让员工们能够按照规定顺序从一个工位转移到另一个工位。这一点再加上规模优势,让 T 型车的成本在 1912 年降到了 600 美元的目标价格。但福特仍不满足于此;他的第三个里程碑,用他的话来说,就是"把工作交给人,而非把人交给工作"。通过一系列传送带、滚道与重力滑道,到了 1913 年,除了底盘(最后一步)以外的所有产品都可以放在流水生产线上进行。属于生产线的时代来临了,这种全新的生产方式取代了分批生产。也因此,福特车的价格再次被削减,降至 550 美元。第四,也就是最后一步,福特将底盘组装也放在了流水线上。此前,组装每个底盘都需要 12 小时 28 分钟,到 1914 年春天,流水线将这一时间缩短至 1 小时 33 分钟。T 型车的价格也在 1914 年下降至 490 美元;到 1916 年,T 型车只需 360 美元。

35 年后的麦当劳兄弟产生了一个绝妙的主意,那就是把福特的移动生产线应用在汉堡与薯条的生产上。在此之前,没有人想到在服务行业中使用生产线系统。而这一次,标准化与流程设计又取得了惊人的成功。自动化再次成为可能,由于产品种类被严格限制与完全标准化,因此所有汉堡都完全相同。到 1993 年,麦当劳已经售出 1000 亿个完全相同的汉堡包。

廉价航空虽然没有实现传统意义上的自动化,却通过简化产品重新设计了流程,通过减少运作部件、压缩乘客选择,提供了更加标准化的产品,因此廉价航空比其竞争对手全价航空的成本要低得多。廉价航空的流程是机械式的:重复性高、变化少、例外也少。相比之下,传统航空公司使用的是一个不断扩大、越发复杂的枢纽式系统,根本不可能进行成本控制。要对这样一项舱位繁多、运营政策变化大、目的地数量庞大的服务进行自动化,可以说是难如登天。

如果你把一件产品或一项服务视作需要标准化与自动化的商品,那么几乎任何东西都可以被你简化。如果航空旅行和餐厅可以自动化,并通过提供非常低的价格创造一个大众市场,那么其他的行业一定也能做到。

机会存在于每一个行业中尚未实现自动化的地方。

第五步:统筹安排

宜家是统筹安排的典型案例。统筹意味着通过抢占制高点(也就是客户),将独立的参与者纳入你的新系统,从而做行业背后的操盘手。客户会从中获益,你会受益更多。

在宜家之前,市场上大多数家具制造商的规模都很小,也有一些零售商,但规模基本也都很小。顾客们都很迷惑,不知道该去哪里添置他们想要的家具,并且时常会被天价的精装家具吓到。此外,作为物流供应商的运输公司,往往都置身于家具行业之外,对他们来说,家具只是次要的业务。纵观整个家具行业,没有强势品牌,没有整合协调,没有经济逻辑,价格很高,利润却普遍很低。

宜家为了顾客利益以及自身利益的最大化,提供了一个统一的方案。

这个商业系统接近完美,因为:

- 它为乐于参与统筹安排这一过程的客户带来了惊人的经济利益。
- 零售规模与设计和品牌力量的结合,让制造者都不得不遵循这一模式。

- 一旦这一系统完全投入使用，所有模仿者的后路就都被断了。宜家系统可以在某个特定的国家市场中被模仿，但如果没有宜家的整体规模，任何模仿者都会被更高的成本和价格束缚。正如任何成功的商业体系一样，规模为其提供了动力，为其提供了保护，使其免受所有后来者的影响。

戴尔是另一个成功的统筹者。它在 20 世纪 90 年代成为最成功的个人电脑供应商，于 1999 年从康柏公司手中夺走了市场领导权，并稳居高位直至 2004 年。迈克尔·戴尔的商业模式将统筹安排与直销相结合。它包括：

- 在亚洲寻找成本最低的电脑制造商，在不对其进行任何财务投资的情况下，控制并协调安排这些公司。
- 直接向公司和个人进行销售，最初是通过电话，1996 年开始则是直接通过戴尔的专用网站。这样做降低了成本，让戴尔获得了极大的竞争优势。1999 年，康柏公司的市场份额被价格较低的竞争对手夺走后，也开始通过互联网直接进行销售，但其零售商们迫使公司放弃这一策略。
- 为客户提供个性化电脑配置，允许几乎无限种配置方式。客户可以直接打电话给工厂，告诉戴尔他们的偏好。这似乎与我们建议的标准化与简单化相矛盾，但事实上每条规则都有例外。戴尔找到了一种低成本的方法，通过按订单生产来实现计算机的个性化，从而避免了选择多样化带来的威胁。
- 依靠短周期运作减少库存的运营模式。在个人电脑行业，由于新机型的成本总比旧机型低，因此库存大会带来极大的成本风险。

- 拥有行业中最低的运营成本。2002年，戴尔的运营成本为其总收入的10%。而它的主要竞争对手康柏和捷威的运营成本则是其两倍多。此外，戴尔无须借助外部资金也能进行扩张，因为它以负营运资本运作，在付款给供应商之前，就能从顾客那里先收到货款。

戴尔的价格比起竞争者们要低得多，其净利润率也明显要高得多。这一模式一直维持至2005年，当时戴尔试图向高端市场发展，并开始生产一些不符合其价格简化战略的产品。

同样的动态也在如今两个最成功的行业协调者——沃尔玛与亚马逊身上体现得淋漓尽致。他们都得益于规模与品牌优势，更重要的是，他们与美国大部分人口之间存在紧密的职系。这二者享有非常庞大的顾客群，能够迫使供应商将价格降至最低；也正因价格被压低，它们能始终保有巨大的客户量。

第六步：顾客参与

宜家的商业体系具备三要素：一是统筹协调；二是自动化；三是联合顾客。宜家联合顾客参与工作的方法与麦当劳、廉价航空的方式很相似。他们与顾客之间达成了默契的协议，即顾客来承担一些本应由公司履行的职责，作为交换，公司则将价格降至顾客能够承担的水平。

正如我们之前提到的，在宜家，顾客承担了家具最后的组装工作，这原本是整个旧的家具系统中的一大部分成本。同时，顾客也有效承担了传统的售货员角色所做的工作，通过使用目录并按照标识来寻找心仪的产品。然后，他们把货品拿到收银台，自己把它们带回家。而在旧系统中，这些工作需要通过收费昂贵的仓库与货运公司来完成。

在麦当劳，顾客承担了服务员、部分厨房工作人员，甚至一部分清洁工的工作。通过参与这个系统，顾客享受到比传统餐厅更低的价格和更快的服务，麦当劳则因为大大降低了劳动成本而受益。此外，因为顾客接受了选项更少的菜单，所以麦当劳可以大量购买原料，以进一步降低成本和价格。

当乘坐廉价航空时，客户接受排队等待、适应紧张的时间安排，从而能够更加迅速、准时地登机。他们在网上购买机票和办理登机手续，做着原本属于旅行社的工作。他们有时自己携带行李（大小和重量都有严格限制）上下飞机，承担了行李员的职责。他们还需为餐饮付费，并接受更小的活动空间与无处安放的双腿。

所有这些妥协叠加在一起，就会产生巨大的经济效益。顾客会欣然接受这些要求，因为最终他们用超低的价格就能实现航空公司的核心功能，即将乘客从出发地运送至目的地。有时候，这看起来像是乘客在为航空公司服务，其实不然，这就是现代的经营方式，这种方式为双方都带来了完美的经济效益。这也再次解释了为何对于廉价航空公司而言，低价可以与前所未有的增长率、利润率并存。

联合顾客，实际上也是在对顾客进行协调。同其他任何形式的协调一样，无需成本就可以享受到垂直整合的利益。例如，宜家的客户就相当于其内部配送服务。协调者就像一只无毒且友好的蜘蛛，以核心技术为诱饵，欢迎所有供应商与客户进入它编织的网络：供应商被高产量吸引，顾客则被超低的价格诱惑。市场被重新定义，供应商和客户彼此互补，都被吸引到由协调者划定的共同空间。

这种交易可能会发生在交易所或是电子市场，如易贝、纽约证券交易所和优步，以及其他数百个欣欣向荣的网站上。买家与卖家都是独立自主的个体，不受市场的任何控制，但二者都被对方在协调者系统中的存在深深吸引。

第七步：直接销售

直销并不新鲜，它的发展一波三折，根据技术的变化而不断成长。

19世纪初，还没有卖杂货的连锁店。但随着铁路的出现，即使在像美国这样辽阔的国家，境内运输货物也成为可能。1874年，阿隆·蒙哥马利·沃德率先利用这一全新的运输系统，通过邮购目录来销售商品。在接下来的10年里，伟大的宣传家和推销员理查德·W.西尔斯，被高盛集团的亨利·戈德曼称为"可以卖出一口新鲜空气"的人，进入了这一市场。他走得更远，因为他的公司西尔斯·罗巴克愿意接受货到付款，并提供退款保证。凭借提供比蒙哥马利·沃德更好的条件，以及比零售店低1/4的价格，西尔斯公司在20世纪成为市场领导者。

西尔斯公司的新业务系统，基于提供最广泛的商品、从大大小小的生产商那里购买最多的物品，以及由西尔斯本人撰写抒情文案的原版商品目录。当有人问起富兰克林·D.罗斯福，如果有机会，会把哪本美国书籍送给所有俄罗斯人时，他的回答是："西尔斯目录。"

正如理查德·泰德罗所说：

> 西尔斯做的是"产品降级"。有些产品可能只在某些地区有售，但西尔斯公司把它们带到了全国各地。有一些产品可能是技术复杂或昂贵的机器，以前只卖给精英人士，但西尔斯公司将价格压低，并将它们卖给普通公民。

就像每一代人都认为是自己发明了性行为一样，每一代人也都相信是自己发明了直销，只是后者比前者听起来稍稍合理一些。新技术带来了新的直销方式，从邮政服务到电话、传真、电子邮件（如果有选择地使用，并像西尔斯一样注重传播质量，电子邮件仍然是最好的媒体之一），以及至今为止最为简洁、方便与低成本的互联网，包括通过脸书、谷歌、易贝和其他社交媒体的新型销售方式。

但要注意的是，每一代新的直销方式并不一定会引发价格革命，甚至说往往不会。价格革命的发生，必须满足两个条件：任何降价都必须是真实且有意义的；商业系统必须是原创的，并且有足够的防御力，能够抵抗有效的竞争。所以，价格革命是极为罕见的。

只有当满足以下 3 个条件中的至少两个时，通过直销进行的价格简化才可能奏效：

- 没有成本高昂的中间商赚取差价。
- 以某种方式或形式运用新技术。
- 在新业务的基础上有巧妙的简化方案。

让我们在三个案例研究的帮助下深入探讨这一想法。

直线保险公司（Direct Line）

1985 年 3 名英国企业家共同创立直线保险公司，彻底改变了汽车保险业务。首先，它摒弃了介于保险公司对风险进行承保的辛迪加与汽车拥有者之间的保险经纪人，因此节约了大约 20% 的成本。这是一个良好的开端，但还不够。

创始人意识到，汽车保险市场对保险价格进行了"统一定价"。因为要预测个别车主是否会发生车祸不太现实，所以每个人的保险费用都是同样的价格。但是，如果你知道琼斯夫人比布莱克先生发生车祸的可能性小很多，又会怎么样呢？如果你能瞄准最不可能发生事故的那20%的司机，你就可以将他们的保费减半，同时还能赚取丰厚的利润。

那么，我们是否可以通过这样的方式对顾客进行区分呢？答案是肯定的。只需通过电话（以及后来的互联网）向个人直接提供报价就能做到。这就是直线保险公司的"直接"之处，这样一来，公司的成本比传统系统的成本更低，同时还会带来额外利益。

但是，直线保险公司是如何能够预测谁是未来更安全的驾驶者呢？这就是技术进步的关键所在。二十世纪六七十年代，只有售价高达200万美元的大型计算机才有能力进行必要分析。但因为20世纪80年代初个人电脑的出现，人们突然之间就能以2万美元的价格买到一台二手主机。直线保险公司购买了几台，并着手创建了一个数据库，通过一些人口统计学指标，来估计任何一个人向汽车保险公司提出索赔的概率。一旦系统启动并开始运行，打电话来咨询的客户在几秒钟内就能收到他们的报价，如果数据库判定他们的索赔风险较小，那么他们获得的保费报价将比其他保险公司的报价更低。因此，对于合适的客户而言，新系统不仅大大降低了成本，也更加快速、便捷。

尽管模仿者层出不穷，但直线保险公司的品牌力量与其无可匹敌的最低价格，让它在长达25年的时间里稳居英国市场者的王座。时至今日，直线保险还在西班牙、德国、意大利和日本等国开展业务。

嘉信理财（Charles Schwab & Co）

1975年，嘉信理财成为全球第一家折扣经纪商，并将佣金率降低了80%。1982年，它成为第一家提供全天候订单输入和报价服务的经纪商。到2011年，它已拥有820万名经纪客户，以及1.65万亿美元的资产。在撰写本书的时候，这家公司市值为393亿美元。

施瓦布将中介过程自动化，取消了为客户提供的个人股票经纪顾问，删减了服务的"建议"部分，并利用新技术让客户直接进入股票市场。最终，通过产品再设计、自动化，以及对互联网的智能使用和互联网巨大的规模，施瓦布成功地将成本和价格削减到原来的1/10以下。

先锋集团（The Vanguard Group）

金融家约翰·博格尔在1975年12月31日建立了第一支指数型基金。他创办的先锋集团抛弃了基金经理的角色，转而简单地投资于来自股票市场指数"一篮子"股票。指数基金的理念是基于30年来的学术工作，这些工作表明，基金经理的表现总体上比不上股票市场指数。这一爆炸性发现非常夺人眼球，因为它指出了这一收入丰厚行业的寄生性和非必要性，但在博格尔之前，没有人对此采取任何行动。

他的指数基金将年费减少了90%，这是价格简化的一个伟大案例。当时还有很多人冷嘲热讽，说这是"博格尔的愚蠢念头"，富达投资的主席宣称，他无法"相信广大的投资者会满足于获得平均收益"。如今，先锋集团是美国最大的共同基金，管理着高达3万亿美元的财富。此后，它被无数模仿者效仿。但如今，它仍公开表示拥有全球所有可用投资基金的10%。

你能够想到使用还未有人应用于本行业的新技术的直销方式吗？

第八步：使用更简单技术

在过去 20 年里，最畅销的商业书籍之一是哈佛教授克莱顿·克里斯坦森的《创新者的窘境》(*Innovator's Dilemma*)。他记录了新的、技术含量不太高却更便宜的技术（他将其称为颠覆性科技）是如何改变市场，并成为新的市场领导者的。克里斯坦森说："基于颠覆性技术的产品，一般来说会更便宜、更简单、更小巧，使用起来也更加方便。"他所举的例子包括晶体管对真空管的颠覆（晶体管随后又被半导体颠覆）、小型钢铁厂对综合钢铁厂的颠覆、液压式挖土机对缆控挖土机的颠覆，以及小型磁盘驱动器最终取代了大型磁盘驱动器。而在 1997 年克里斯坦森的书出版后，又多了很多例子，比如平板电脑和智能手机颠覆了笔记本电脑市场，优步和爱彼迎这样的应用挑战了传统的出租车和廉价酒店市场。事实上，所有的应用程序都有可能颠覆他们各自的行业，尽管它们中的绝大多数都没有做到这一点。

故事通常是这么展开的。首先，新技术只满足了低端市场。例如，小型钢铁厂自 20 世纪 60 年代末开始运作，其规模不到传统综合工厂的 1/10。尽管最初它们生产的钢材便宜得多，但只适用于最低等级的用途，也就是钢筋。

其次，大公司尽管可以选择使用新技术，但它们会刻意回避这么做。他们这样的做法，表面上有几个非常好的理由。一个理由是，大公司的客户通常会表示对新技术以及更便宜的产品不感兴趣，因为它们的性能不足以满足他们的需求；一个理由是，一家成本结构定位于高端市场竞争的公司，很难在低端市场获得同样的盈利，因为成熟的公司习惯于在高额的日常支出下运作；最后一个理由是，"小市场不能解决大型公司的增长需求"，"不存在的市场是无法分析的"。这些都是反对采用新技术的有力论据。在小型钢铁厂的例子中，世界上没有任何一家大型综合钢厂选择进行技术转型。

再次，由于现存的市场领导者未能采用新技术，那么一般来说，支持新产品，并试图通过不断试错以找寻新市场的重担就落在了新进入行业的小规模企业身上。例如，纽柯钢铁公司（Nucor）和查普洛钢铁厂（Chaparral）都从钢材市场的最底层，也就是钢棒和钢条开始做起，然后逐渐上升到要求更高的产品，比如结构钢，最后到高级钢材。这就是最典型的模式：新科技不断提高性能，直到最终满足大部分或全部主要市场的需求。此外，旧技术也同样在发展，但其改进程度最终总会发展到几乎超出所有客户的要求。使用旧技术就没有必要了，因为新的、更简单的产品已经足够了。正如克里斯坦森所说，"当两个或更多的竞争产品的性能的改进超过了市场的需求时……产品选择的基础从功能性演变为可靠性，然后是便利性，最后才是价格"。

价格简化者就此登场。在正确的时间出现在正确的地点，行业后来者们善于采用技术新、成本和价格低的产品，然后不断扩大规模，最终占据市场的领先地位。

当克里斯坦森的书出版时，小型钢铁厂领先者F.肯尼思·艾弗森的纽柯只占北美钢板市场7%的份额。正如他所说，这"几乎不足以对综合钢厂构成威胁，因为纽柯的成功仅限于综合钢厂产品线中商品化程度最低、盈利最少的部分"。但克里斯坦森大胆预测，纽柯公司很快就会挑战并最终取代像伯利恒公司（Bethlehem）和美国钢铁公司（USX）这样在当时的股票市场上非常稳定的综合钢铁厂：

> 综合性钢铁公司高度精确地向钢铁行业利润丰厚的东北一角进军，这是一个关于积极投资、理性决策、密切关注主流客户需求和创

利润纪录的故事，但这也是使磁盘驱动器和机械挖掘机领先的供应商感到挫败的困境：看似合理的管理决策，恰恰是他们即将从行业领导地位跌落的根本原因。

事实证明，克里斯坦森是对的。1996年还规模甚小、盈利堪忧的纽柯，如今已摇身一变成为美国钢铁市场的领导者，跻身财富300强企业。

因此，如果现在有质量好却便宜得多并且尚未在你的行业内正式采用的新技术，如果它有可能将成本减少一半，那么在别人意识到这一点前抢占先机，不失为一个明智的选择。围绕这一技术构建一个商业系统，让你能够成为并且保持一名低价的市场参与者身份。

扩大规模

第九步：扩大国际规模

当你重新设计了产品和业务系统，并刚刚开始将它们投入运营时，就是你的公司最脆弱的时候。如果降价幅度很大，设计精良，并且你开发了一件通用产品；如果你的商业系统独特、简洁而优雅，你就会取得胜利……除非另一家公司复制了你的方法，并且比你更快使规模扩大。如果发生这种情况，那你注定会失败。

因此，迅速扩大规模是至关重要的。最大限度地提高销量，尽早取得领先地位，即使这意味着你的公司在几年内不会盈利，甚至亏本。如果现金是一个限制因素，就寻求风险投资。随着销量的增加，你的成本就会下降，你将能够从高收入中获取少量利润。

一旦这一概念在某一地区被验证，就要尽快把它推向全国，然后再推向国际。历史表明,当一家真正充满吸引力的通用产品的公司,如可口可乐和易贝,在市场中留下空隙,让当地模仿者抓住机会,那他们就再也无法抢回这部分被夺去的市场。例如,可口可乐较晚进入中东市场,结果百事可乐在中东地区取得了领先优势,至今仍未被超越。易贝进入东欧市场的过程也较为迟缓,当其最终进入东欧时,Allegro 已经早早占领了有利地位,如今也是该地区最大的电子商务企业之一。

结论

价格简化为规模快速扩张提供了前景与展望。诚然,边际利润很低,却将在未来几十年里带来收入与利润的巨大增长。如果你正确完成了每一件事,建立了一个独特的商业系统,其规模大到无法复制;如果你继续削减成本和价格,增加国际销量,你就会得到最终的奖赏,也就是长期的市场霸权。

但目前的市场领导者又该如何呢?他们应该进行简化吗?如果答案是肯定的,又该在什么时候、以何种方式进行简化?如果它们不这样做,又会有什么危险?

第 10 章与第 11 章的关键点

1. 为了将价格减半,你需要从第一原则出发重新设计和简化你的产品。简化原则是,减少功能、减少品类、创造一款通用产品。

2. 你还必须重新设计你的商业系统,建立一个简单的专属系统,让你可以提供竞争对手无法比拟的惊人低价。

3. 抵御模仿最好的办法就是迅速而广泛地扩大规模，不给竞争对手留下能够扎根的角落，甚至是缝隙。如今，实施这一行动越快越好，最好是立刻进行全球推广，无论代价多高，也无论这看起来有多难实现。

第三部分

拯救恐龙？

在第三部分中，我们将视角从侵入者转换到守卫者。那些不是简化者的市场领导者要如何保护自己免受实际或潜在的威胁呢？那些非简化型的领导企业，所面临的威胁有多严重呢？为什么他们经常刻意规避那些完全可行，并且试错成本不高的简化机会呢？如果他们真的选择自我保护，有哪些可取措施最容易使其成功呢？

第 12 章　它们需要救助吗？

> 长盛不衰，实属罕见。
>
> ——汤姆·彼得斯

市场领导者天生就易受简化者们的侵害吗？又有哪些警告信号呢？

我们是否可以从我们的研究中得出这样的结论：当面对正在进行市场简化的公司时，市场领导者往往都会不堪一击？

坦白来说，我们也不知道。

一方面，已经有一长串令人印象深刻的蓝筹企业目睹了自己在简化者的挑战下，市值与利润在一夜之间蒸发不见。

比如说：

- 20 世纪 60 年代，当 DEC（美国数字设备公司）推出"微型计算机"时，IBM 失去了很大一部分市场。顾名思义，微型计算机比大型机更加小巧，操作也更简单。尽管以今天的标准来看，这些微型计算机机身并不算小，操作也很复杂。
- 尽管在 1981—1985 年，IBM 一直是个人电脑市场的领导者，但 20 年后，它再次在简化者的挑战下遭受了冲击。它受到了价格简化者康柏、惠普和戴尔的夹击，并无力阻止身为命题简化者的苹果，任由其获得更加利润丰厚的高端市场。最终，IBM 在

2005年停止了电脑生产业务。
- 作为曾经微型计算机与文字处理领域的主导力量，DEC 和 Wang 也同样在 20 世纪 80 年代输给了个人电脑的价格简化者们。
- 施乐输给了佳能（Canon）和理光（Ricoh），因为这二者都推出了更加小巧便捷、能放在经理办公桌上的复印机。
- 综合钢厂，如伯利恒和美国钢铁公司痛失市场领导地位，败给了价格简化者纽柯的低成本小型钢厂。
- 泛美航空（Pan-Am）、环球航空（TWA）和美国航空（American Airlines）在失去美国市场领导地位后都申请了破产。
- 当索尼推出数码相机后，柯达彻底败下阵来。
- 曾经是世界领先软件公司的莲花公司（Lotus）被价格简化者微软击败。
- 大英百科全书（Encyclopaedia Britannica）曾在市场上领跑222年，却在价格简化者英卡塔（Encarta）和维基百科（Wikipedia）面前不堪一击。
- 诺基亚曾经是手机制造领域的领导者，却因苹果和三星推出的智能手机一蹶不振。
- DVD 租赁市场的领导者百视达（Blockbuster）被网飞（Netflix）击败。
- 塔维（AltaVista）在网络搜索领域的领先位置被谷歌夺走。
- 巴诺书店（Barnes & Noble）在亚马逊（Amazon）面前自惭形秽。

此后，数码公司取缔实体公司的案例层出不穷。在这些案例中，夺走市场领导者地位的往往都是经营模式更简单、产品更低价的价格简化者，或是产品使用感更佳的命题简化者。

根据这份名单，我们很容易认为，具有明显优势主张或较简单商业模式的简化公司通常会获胜……只要它们发起的变革足够彻底。

然而，这一论点缺乏足够的数据支撑，没有足够的案例可以让我们进行归纳概括，同时还存在幸存者偏差的问题：当一家领头公司成功击退其简化竞争对手时，我们既不会振臂高呼，也不会念念不忘。

可以肯定的是，通常来说，简化者更容易取得成功，但这并不是必然的。反面案例比比皆是，比如那些配有复杂国际系统的酒店——希尔顿（Hilton）或万豪（Marriott），至今没有其他酒店有能力挑战他们。在2014年4月的一次私募股权交易中，爱彼迎的估值为100亿美元，这一数据可能会进一步刺激民宿行业的发展，使之规模扩大3倍，侵入酒店业的中低端市场。由于民宿行业本身不拥有酒店，因此盈利能力很强，但这对高档酒店来说并未构成威胁。那些豪华酒店只会屈服于"使住宿更愉悦"的创新者，而真正能做到这一点的酒店屈指可数。目前，这些行业巨头的竞争对手主要是当地的精品酒店，这些酒店坐拥得天独厚的地理位置，还拥有管理技巧高超的经理人，但这些当地精品酒店也无法被大规模复制。

同样，在食品行业中，通用磨坊（General Mills）和家乐氏（Kellogg's）等巨头似乎丝毫没有受到简化者的打击。与之类似，联合利华和宝洁这样高度复杂的企业也未曾面临严峻的挑战。他们多数品牌拥有长达十几年的历史，似乎不受竞争影响。但这种安稳的形势究竟能持续多久？此处没有数据支撑，只能给出猜想。

此外，简化者们并不总是只面对单一的市场主导者。有时，"恐龙"会化身为一大群体积相近的动物。麦当劳、直线保险公司、星巴克、推特、宜家与许多其他简化者，都在没有取代市场主导者的情况下进行了行业变革。因为从一开始就没有一个领导者。这些简化者并没有杀死行业巨头，他们所做的只是将大量小型企业驱逐出了市场。

警告信号测试

当然，占主导地位的公司也不能自满。明智的做法是时刻警惕突如其来的冲击，并尽早采取措施避免它。攻击可能来自价格简化者，也可能来自命题简化者。而二者的警告信号各有不同。

来自价格简化者的警告信号：

1. 一款更便宜的产品出现了。如果新产品的性能较差，就不必太担心。如果它对市场来说足够好，那就会对其他企业构成严重威胁。一件便宜25%～50%的产品的出现，就应该给领导者们敲响警钟。唯一谨慎的猜想是，随着产量的增加和业务系统的发展，新产品的性能会有所提高，价格也会更便宜。如果新产品被老顾客排斥，只吸引到一批新型顾客，那也没有关系。一旦产品改进，变得更加便宜，那你的顾客或许会改变心意。

2. 生产新产品的公司是最近才成立的。这意味着目前还无法确定它们的影响力，而且它们可能不会受到传统经营方式的限制。

3. 市场新进入者正在以不同的方式参与到竞争中。他们的产品可能更小、更轻、更快，或者三者兼备。产品可能是基于新技术制造的，也可能是因为顾客接受了承担一些在传统系统中原本应由公司完成的工作。商业系统本身可能是不同的。挑战者可能更加专业化，只生产一种或几种产品，因此他们的产品范围远远小于那些成熟的公司。

4. 至少有一家简化公司正在快速成长。尽管它目前的市场份额很小，但它可能很快就会开始呈指数级增长。这一点很容易被忽视或低估。不要完全依赖市场统计数据，最好直接调查该公司的增长潜力。

5. 新公司的利润率比你的低。它的业务可能看起来无利可图，或者只有微薄的利润。这也是一种警告，因为它可能使你对制造这种新产品望而却步。

6. 新产品的生产成本有可能比你的产品低很多。如果新公司能达到你的产量，它是否能将价格降低到你的一半甚至更多？

7. 你的公司本可以生产新产品，却没有选择这么做。如果你想生产一款新产品，你一定可以找到实现的手段。如果你决定不生产，即使产品能风靡市场，你也很难再改变本来的决定。

来自命题简化者的警告信号（这里提到的前三条警示信号与价格简化者的警告信号有所不同）：

1. 独特的产品或者服务设计。它从根本上进行了简化，使用了全新的方法或技术，或完全基于对客户核心需求的不同假设。

2. 新产品更具有使用乐趣。

3. 该产品定价比你的产品定价高，但仍在蚕食你的市场份额。

4. 挑战者参与竞争的方式不同。

5. 这家或这些公司是新进入市场的。

6. 至少有一名成长迅速的市场新进入者。

7. 你的公司无法生产新产品，或选择不这么做。

关键点

1. 市场领导者的衰落并非不可避免。简化公司对他们的威胁或许永远不会实现。

2. 但也不能忽视这些威胁发生的可能性。有许多非常成功并且占主导地位的公司输给了最初看起来很弱小的挑战者。现在就该进行警告信号的测试,并且要进行多次。

3. 面对一名简化者时,谨慎的做法是制订应急预案。

老牌企业很难应对新型企业的挑战,因为成功企业的管理者一般都不愿意进行简化。在下一章中,我们将概述从企业内部而非外部出现的可能对市场领导者产生的威胁。

第13章　大公司的弱点：管理者拒绝简化的五大糟糕理由

> 要打赢一场持久战，你必须有满腔热血，勇于打破之前所创造的一切。但问题是，你能以饱满的热情同时追求完美与毁灭吗？
>
> ——汤姆·彼得斯

大量逸事表明，大型成功企业的经理人总是倾向于让公司业务变得更复杂，而非更简单。但是，他们为什么要这么做呢？

市场领导企业的管理者们之所以不进行简化，原因有五个，而这些原因都是陷阱。我们将这些陷阱称为：间接费用陷阱、相互蚕食陷阱、客户陷阱、复杂性陷阱与技能陷阱。情况通常都是这样的，市场领导者明明有简化的机会，但往往都选择不这么做。天若欲其亡，必先令其复杂。

间接费用陷阱

1983年，当我（理查德）与他人共同创办战略咨询公司艾意凯（LEK）时，我们与规模更大、更成熟的PA咨询公司建立了合资企业。PA的业务范围包括管理咨询、人力资源、电信和技术。它曾几次试图涉足LEK的业务范围，也就是战略咨询（这一市场中已经有我们和波士顿咨询公司、贝恩公司、麦肯锡公司），但始终未能取得大的进展。这并不是因为PA的顾客不想从它们那里购买战略咨询服务，而是因为PA从来不愿意用足够高的薪资来吸引一流的战略专家。那时候，动辄几十万的年薪根本是天方夜谭，当时的 PA 也没有人能拿到 6 位数的薪水。

然而，PA 的彼得·劳森灵机一动，促成了 PA 与 LEK 共同创立合资企业，让 LEK 成了 PA 的战略合作伙伴。PA 为我们提供实际案例，而我们则向其出售大量战略。对 PA 来说，这样的运营方式没有什么组织上的问题，因为他们不必支付 LEK 的日常开销或间接费用，但仍可从利润中分一杯羹。在一家独立企业中，从合伙人处赚取 100 万英镑已经可以说是非常可观的利润了。

人们有时会注意到，企业总是在不断往上走，不断争取更高端的市场以及毛利更高的产品与客户，这一观察是正确的。然而，在一家企业中，做出远远超出常规的开销决策与接受超低的利润一样，都会产生问题。尽管战略咨询的利润比 PA 的核心业务要高得多，但它仍不愿在顾客需求增加前，先聘请高成本的专家顾问。这种对高额开销的排斥，也解释了为何 PA 之前在传统战略领域未能取得任何进展。

还有一种情况是，公司不愿接受利润较低的业务，已有大量早期研究充分证明了这一点，因此我们无须在这一问题上花费太多时间。克莱顿·克里斯坦森讲了 Micropolis 集团的故事。该公司由斯图尔特·梅本创立，为计算机行业制造 8 英寸（约 20 厘米）磁盘驱动器。Micropolis 很快就成了这一市场的领军者。然而，当 5.25 英寸（约 13 厘米）的驱动器出现时，梅本意识到，这款更新颖、更便宜的磁盘对他的公司构成了巨大的威胁，于是他召集了最出色的工程师们，让他们专注于这一项目。然而，由于 5.25 英寸磁盘的利润率较低，经理们一直试图将这些工程师调回利润率更高的 8 英寸磁盘的工作岗位。虽然梅本是老板，但他必须不断反抗，同那些安于现状的人做斗争，尽全力让最顶尖的人才开发新磁盘。他说，这是他一生中最筋疲力尽的一段日子，需要"在18个月里投入100%的时间与精力"。即便如此，Micropolis也没有成为5.25英寸磁盘的市场领导者，而且在不久之后，市场又转向了体量更小的磁盘驱动器。

间接费用陷阱的最后一个例子是DEC公司在个人电脑方面的失败。从1965年该公司推出第一台"微型计算机"开始，到20世纪80年代，DEC都是华尔街最赫赫有名的成功传奇之一。它曾是微型计算机领域的主导力量，连IBM也只能望尘莫及。然而，20世纪70年代，个人电脑市场开始萌芽，DEC曾11次考虑是否要进入这一新领域，但它每次都退缩了。最终，它在1983年才开始生产个人电脑，比IBM晚了两年，比苹果则晚了整整7年。它的个人电脑产品没有一款取得成功。

为什么会这样？DEC当然有设计能力和技术能力，但它习惯的是一个具有完全不同经济效益的市场——微型计算机的研究需要投入大量的、持续的精力，并以50%以上的毛利率作为回报；而个人电脑的毛利率低于30%。此外，新生代的计算机也不像微型计算机那样，不断需要大量的科研投资，客户也不愿支付用以支持昂贵研究的高价。DEC迟迟不向个人电脑市场进军，一进入又直接剑指市场顶端，那里虽然毛利率最高，但需求量最小，客户要求也最高。

企业似乎会对可接受的利润率制定自己的经验法则，然后沉迷于此。因此，如果出现了更简单、利润更低的产品，任何成功的公司都很难接受它们，也很难意识到虽然利润率低，但间接费用也低了。拥有更简单产品的市场新进入者却不会被更复杂、利润更高的产品的杂项开支与利润假设阻碍。

相互蚕食陷阱

2000年，博彩公司必发（Betfair）在伦敦成立。当时市场上已经有很多在线博彩公司，但必发的商业模式与所有线上或线下的竞争对手都不同。必发没有自己设定投注赔率，而是创建了一个电子市场——博彩交易所，赌客可以向其他赌徒提供自己的赔率，或者接受其他个人设置的赔率。

2001年初，我（理查德）投资了必发，以150万英镑收购了该公司10%的股份，这意味着必发整个公司的价值只有1500万英镑。尽管必发当时规模还很小（至少与市场领导者相比很小），但它在以约每个月50%的速度增长。在之后的几年内，尽管必发的相对规模仍然很小，但它已经开始在博彩市场上占有一席之地了。这并不奇怪，因为必发平均仅收取3%的佣金，而主流博彩公司的"超额利润"，即毛利率约为12%。此外，必发只对赢家收取佣金。因此，实际上，它只收取总赌注的1.5%，相当于价格比主流博彩公司低了87.5%！

现在，你应该可以理解传统博彩公司对"相互蚕食"的恐惧了。他们并没有看到采用新系统、鼓励客户从高利润投注方式转向低利润投注方式的意义。这是任何企业在面对市场上出现具有颠覆性的、成本较低的新进入者时的共同担忧。但是，传统博彩公司并没有意识到，无论他们做什么，任何对价格敏感的赌客，只要不是技术恐惧症患者，很快就会蜂拥至必发。因此，对于英国博彩公司的三巨头——立博（Ladborkes）、珊瑚（Corals）和威廉希尔（William Hill）而言，明智的做法是要么是开设自己的线上博彩交易所，要么是用一点儿"小钱"（按他们的说法）收购必发，从而消灭这一构成严重潜在威胁的竞争对手。然而，他们都没有选择这两种方案。

对他们来说，必发是不共戴天的敌人，应该被他们一脚踩死，击败它的最好方式就是说服政府让其宣布博彩交易违法。

政府拒绝合作，因此必发一跃成为英国头号在线博彩公司，市值达到了13亿英镑。在撰写本书时，这一数值已上升至约30亿英镑。与此同时，传统市场上曾经领先的博彩公司都被新的领导者帕迪·鲍尔超越。它提供了范围更广的"趣味"投注，并削减了自身利润。但凡博彩行业的三巨头中有一家公司对必发忍无可忍，并将其作为一项独立的业务收购，它很可能已经成为市场领导者了，而不是被市场淘汰。

几乎整个互联网零售领域都有同样的问题，即对相互蚕食的恐惧让领导者公司无法采取任何积极的措施来阻止这一行为。互联网零售业大部分领导者，如图书（亚马逊）和拍卖（易贝），都与"现实世界"的领导者截然不同。尽管在同一类别中，将实体零售与网上零售结合起来具有潜在优势，比如从利用客户基础与供应商讨价还价，到满意度和许多其他协同效应，但现实世界的领导者最初都出于对相互蚕食的恐惧，不愿建立线上销售平台。而当他们意识到自己的错误时，为时甚晚，无力回天了。例如，巴诺书店曾是世界上最大的图书销售商，但它在1997年5月才推出了线上平台，比亚马逊晚了将近两年。此外，对相互蚕食的恐惧还导致了本可以规避的更加严重的相互蚕食。如今，亚马逊上书籍的销量已经远远超过了巴诺书店。

然而，相互蚕食恐惧的最大受害者，同时也是最衰败的大企业之一，也许非施乐莫属。施乐的普通纸张复印专利在二十世纪五六十年代实现了实质性垄断，将优势发挥得淋漓尽致。一台标准的复印机的制造成本约为700美元，售价却为3 000美元甚至更高。但是，没有什么东西是长盛不衰的。20世纪60年代末，佳能公司绕过施乐公司的专利，推出了小型台式复印机，价格还不到施乐公司巨型机器的 1/3。再加上联邦贸易委员会迫使施乐必须将其专利授权给其他公司，所以佳能很快占据了市场领导地位。1979 年，施乐公司在美国复印机市场的份额从 99% 骤降至 14%。

想想我们所说的相互蚕食悖论：只有当顾客仍然愿意使用简化后的产品时，才对产品进行改进，使其更简单、更便宜。若你对此持肯定意见，那么在其他公司蚕食你的市场份额之前，你最好自己率先进行相互蚕食。如果你认为顾客永远不会使用更便宜的产品，那么推出更简单、更便宜的产品岂不是没有意义了？

然而，若你的确不相信顾客会改变心意，也不会有相互蚕食的风险，那么你也不妨试着生产更便宜的产品，用赚取的利润再补充现有的业务。

因此，除了奢侈品和利基市场的顾客对价格并不在意这个情况之外，通用的逻辑就是，在任何情况下，推出更简单、更便宜的产品都是有意义的！

但逻辑学与心理学完完全全是两回事。对施乐而言，继续榨取顾客钱财，直到佳能推出或将要推出新产品时才发布自己更加简单、更加便宜的复印机，也许会是明智的做法。但这样一来，施乐就需要极其迅速、果断地蚕食自己，这就需要有一台已经处于开发中的小型复印机。然而施乐什么也没有做。当然，即使不可避免地会招致大量销售人员的反对，一名代表股东利益的、坚定的 CEO 也可以推动小型复印机的开发，以抵御佳能。但现实并非如此。对于相互蚕食的恐惧让成功的管理层停滞不前，错过了行动的最佳时机。

客户陷阱

为什么全价航空花了那么长时间才开始模仿竞争对手廉价航空,即使后者的成功早就显而易见?第一家涉足对手领域的全价航空是美联航的短程服务,该服务于 1994 年推出,也就是西南航空开始运营的 23 年之后。也许是出于对公司会失去老客户的担忧,但我们认为情况很可能恰恰相反。客户陷阱是你假设你的客户对新商业模式没有丝毫兴趣。

通常来说,客户确实没有兴趣……但只有最初如此。西南航空吸引的是那些希望点对点出行的用户,也就是那些曾靠汽车出行或根本没有进行过长途旅行的人。它并没有吸引那些频繁乘坐飞机,也就是那些经常到国外大城市旅行、定期乘坐航班的飞行常客。但是当一个大众市场被创造出来后,新产品也会吸引更多人的注意。廉价航空的数量不断增加,其覆盖面也与日俱增,因此,每个乘坐全价机票的人都会注意到这样更便宜的选择。最终,金钱还是会对选择产生影响。商务人士在自费旅行时,也开始乘坐廉价航空,并且意识到它们并没有那么糟糕:他们仍然有属于自己的座位(尽管腿都伸不直),并且能够和乘坐定期航班一样安全、准时地抵达目的地。后来,当经济不景气时,越来越多的中小型公司让他们的员工出差时都乘坐廉价航空公司的航班。经济状况恢复后,这一习惯也被保留下来,沿袭至今。

航空市场上发生的这一切并不是个例。在《创新者的窘境》一书中,克莱顿·克里斯坦森一次次记录了在机械挖掘机行业、摩托车行业、炼钢业和其他几十个行业中,行业顶尖公司的客户最初并不想接受新产品的情况。1960 年左右,本田公司的"超级幼兽"这一产品,无意中在加利福尼亚州进入越野摩托车这一全新市场，但是当时没有人相信这家日本公司会对摩托车市场领导者哈雷戴维森构成威胁。本田拥有的是另一批客户，并且它是通过体育用品商店而非摩托车经销商来推广其产品。哈雷的客户想要的是真正的摩托车，而非袖珍玩具一般的日本摩托，无论"超级幼兽"看起来有多可爱。但是，一旦本田在市场上站稳了脚跟，它就开始开发更强大、能够在公路上行驶的摩托车。日积月累，一个型号接着一个型号，本田开始向高端市场进发，将哈雷戴维森步步逼退。与本田在 100～300cc 和 500～750cc 排量摩托车市场竞争失利后，哈雷将自己重新定位在高端市场。虽然利润率高，但市场规模小得多，所以哈雷一度陷入困境。如今，哈雷在服装业大获成功，在这一副业的推动下，它已成功地将自己打造为一个高端品牌，但本田全球的摩托车销量是其三倍。

这里的陷阱是，市场领导者太相信自己的客户，以至于忽略了来自新产品的威胁。典型的模式可以总结为以下两点：

- 新产品的性能逐渐提高，一段时间后，它就可以满足除了最苛刻客户外所有客户的要求。
- 随着经验不断提升、规模不断扩大，简单的产品变得越来越便宜，它与优质产品之间的价格差异也越来越明显。

在这种情况下，像哈雷一样的市场领导者的典型反应就是"从细分市场撤退"，转向更加复杂与昂贵的产品市场。这通常被解释为对来自较简单产品的短期收益压力的自然反应。这一解释具有其合理性，但或许还有一些其他原因。

复杂性陷阱

在行业创新的早期阶段,企业通常会对产品和复杂的工艺进行大量投资,以打造更好的全新产品。这样的产品难以制造、难以使用,并且生产成本高。在企业寻求扩张的过程中,都大力追求产品种类、产品多样性和产品定制服务,这些大大增加了公司产品和运营的复杂性。这是一条必经之路。

那么,企业最初都是如何走上这条路的呢?一名企业家进行创新,将一个想法转化为一款产品,并出售给其他企业。也就是说他找到了可行的方案,并签下了第一个客户。无论客户想要什么、要求怎样的调整和个性化定制,新公司都会积极配合。因此,为了让这位宝贵的客户满意,复杂性大大增加。很快,第二位客户出现了,但他想要的与第一位客户不同。情况变得更复杂了。然后,为了满足各种不同需求,出于驱逐所有对手和增加收入的理性愿望,新产品被创造出来了。为了给每个细分市场提供产品,企业只好匆匆开发新功能和新技术。例如,同一款产品可能分为豪华版、环保版、运动版和婴儿版。增加功能和技术含量似乎是完全合乎逻辑的行为,这有助于将企业与新市场的方方面面联系起来。

复杂性的增加在产品和服务的设计、制造、销售以及配送方面尽数体现。当企业有扩张的雄心壮志,或当销售业绩不佳时,企业默认的模式都是增加复杂性,即更多的解决方案、更多的产品和客户、更多的定制服务、更多的细分市场和更多样化的活动。提出新想法的压力始终存在,而管理者们总是对"新兴事物"抱有期待。

设计复杂产品的人并不只是为了复杂而复杂。他们的动力来自如何使产品变得更加有用和吸引力。但危险之处在于，他们可能深陷于这样的设想中无法自拔：只要业绩可以继续提高，产品或业务系统变得越来越复杂也没关系。即使更重、更贵、更复杂，外行越来越不懂如何使用，也都没关系。

在产品生命周期的初始阶段，改进的唯一方法是投入更多的资源和精力。不过，一段时间后，这个方法就无济于事了。简化成了更可行的办法——制造更轻便、小巧的产品，这些产品功能更少，更容易使用、购买和操作，生产和运输的成本也更低。然而，习惯于只通过增加复杂性来取得进步的经理们，往往把开发更简单的产品视作一种倒退。

还有另一个误区。聪明的管理者往往本能地青睐更复杂的事物。例如，工程师们经常乐于接受挑战，制造出比前一代更复杂精巧的产品。向高端市场发展不仅是因为利润率更高，还因为有更多机会可以利用专业知识，充分施展才能。这时就需要一位非常坚定的领导者来说服经理们，产品应该更简单，而非更复杂。简化者通常不属于主流，他们往往都是新晋企业家而非企业巨头。像亨利·福特、沃尔玛创始人山姆·沃尔顿、英格瓦·坎普拉德、赫伯·凯莱赫和易捷航空创始人斯泰利奥斯·哈吉–约安努等创新者都是简单、经济与最低成本解决问题的拥护者，他们缺乏资金，天生倾向于节俭。即使在成为亿万富翁后，沃尔顿仍旧开着一辆里程数超过10万英里（约16万千米）的汽车四处奔走。亿万富翁坎普拉德则乘坐公共汽车或廉价航空出行。能够做到这点的企业高层并不多。

技能陷阱

早在1960年，西奥多·莱维特就写下了《营销短视症》，这篇文章也成为《哈佛商业评论》最著名的文章之一。在这篇文章中,他认为公司应该满足客户的需求,而非销售特定的产品。因此,宾州中央铁路公司不应仅仅把自己看作一家铁路公司,而应意识到它从事的是更庞大的运输业务。因此,当航空旅行业务开始增长时,它应该进入这一市场。

商业战略家们普遍对这一观点不屑一顾。毕竟铁路公司对如何经营一家航空公司能了解多少呢?产品才是一家公司所拥有的独特专长与存在的理由。因此,管理者不愿进行简化的最后一个原因看起来似乎非常正确:他们不具备进入新市场所需的技能或文化。让美国领先的全方位服务的连锁餐厅在1948年创办麦当劳,这有意义吗?或许没有。一家致力于提供复杂产品或服务的公司,往往没有资格进入更简单的市场中。

但是,现在让我们来看看三个恰恰相反的小故事。

20世纪80年代,惠普凭借其成熟的激光打印机技术,迅速成为领先的个人电脑打印机制造商。但当更简单、打印速度更慢、分辨率更低但更便宜的喷墨打印机开始主导市场时,惠普在华盛顿州的温哥华成立了一个独立的部门,允许其与设立在爱达荷州博伊西的激光打印机业务部门互相竞争。此后,传统模式不复存在。博伊西的业务向高端发展,生产更复杂、更大、更快、分辨率更高的打印机。当然,这些产品很昂贵,但享有丰厚的利润。与此同时,惠普在温哥华的业务稳步提升,其喷墨打印机的速度不断提高,同时兼顾低价格和低成本,这使它能够与佳能和其他新进入者竞争。由于喷墨打印机开始满足主流市场的需求,而激光打印机成为市场顶端的一小部分,因此惠普得以保持其市场领先地位。

磁盘驱动器行业有一个罕见的例子,即一款老产品的市场领导者依靠更新、更简单的产品获得了成功。这个例子关于美国昆腾公司和它的衍生公司Plus开发公司(PDC)。昆腾公司是8英寸磁盘驱动器的先驱制造商,但由于更简单、更便宜的 5.25 英寸驱动器的出现而陷入困境。昆腾推出自己的 5.25 英寸驱动器时已晚了足足 4 年。然而，在 1984 年，部分昆腾员工决定离开公司，成立 PDC，开始制造 3.5 英寸（约 9 厘米）的磁盘驱动器。昆腾提出为这家新企业提供资金，同时确保自己可以拥有 80% 的所有权。PDC 设计了新的驱动器，将生产外包给日本松下公司的一个部门。3 年后，昆腾的 8 英寸和 5.25 英寸驱动器在市场上铩羽而归，但它明智地买下了 PDC 剩余的 1/5 股份，让 PDC 的高管负责整个业务，迅速削减了旧的业务，但保留了昆腾的品牌。于是，新的昆腾公司成了世界上最大的磁盘驱动器供应商。2001 年，昆腾进入第三次转型，这一次是作为磁带存储产品的领导者。

最后一个例子。几十年来，密尔沃基的艾伦·布拉德利公司（Allen Bradley Company，简称 AB）都是生产用于控制大型电机的、更加坚固且复杂的机电开关，是这一领域的领导者，但这些传统的控制装置最终受到了更小、更简单、更便宜、更灵活的电子电动机控制装置的威胁。第一家生产这些产品的公司是 1968 年创办的莫迪康（Modicon）。但对于机电控制的用户来说，新技术还不够强大，耐用性也不够好。这些用户包括机床和起重机制造商以及暖气、通风和空调承包商。因此，莫迪康将其产品卖给了新客户，如汽车制造商，他们才刚刚开始在工厂自动化过程中使用电机控制。

如果按照老套的剧本，AB 公司会继续对新技术嗤之以鼻，直至为时已晚。然而，它却在莫迪康成立仅一年之际买下了该公司 1/4 的股份。然后，AB 又买下了另一家年轻的电控公司的全部股份，并将这两家企业合并。新公司与 AB 的传统业务始终独立，实际上，二者是在竞争。随着电子控制在美国工厂越来越多地取代机电开关，AB 的 4 个主要竞争对手，包括通用电气和西屋电气，都开始在现有机电业务范围内制造自己的电子设备。这4名竞争对手中，没有一个在电子领域取得成功，因此 AB 通过收购两家初创企业保持了主导地位。

这三个故事的寓意在于，即便在收购之后，只要新技能能够得到充分发展并独立于原有业务之外，对不同技能的要求不一定是有效简化的障碍。正如我们前面所看到的，英国领先的博彩公司，本可以在 21 世纪初收购刚刚起步却迅速扩张的必发及其新的电子交易技术。也许像谷歌那样，毫不犹豫地收购与自己相近的企业是正确的，因为这样一来既能促进业务增长，又能保护自己免受潜在对手的威胁。

关键点

与其说领先企业不能简化，不如说是强势的管理倾向使企业不愿简化或简化步伐迟缓：

1. 间接费用陷阱：企业对于毛利率有预期，因此不愿开发偏离于现有间接费用和利润水平的产品。

2. 相互蚕食陷阱：领先公司不想放弃自己现有的业务，却宁可让竞争对手这么做。

3. 客户陷阱：公司拒绝新产品，因为它最主要的客户也对新产品没有需求。

4. 复杂性陷阱：经理人们偏爱复杂或习惯于复杂，将其视作发展的唯一途径。

5. 技能陷阱：公司或许没有掌握制造更简单产品的正确技能，也没有意识到新技能是可以以极低的成本获得的。

这些就是大公司往往不进行简化的深层次原因。但管理上的失败是不可避免的吗？绝对不是。传统模式总有很多例外。如果排名第一的公司领导者充分了解可能发生的情况，他们就能纠正偏爱复杂的管理倾向。下一章，我们将探讨领导者可以做些什么来进行简化并保持领先。

第14章　市场领导者如何轻松进行简化？

> 不可胜在己。
>
> ——孙武

一家简化公司出现后，市场领导者还能稳居高位吗？当然可以，只要它拥有正确的态度和结构体系。

市场领导者可以通过以下方法保持领先地位：

1. 确定你的新对手主张价格简化还是命题简化。
2. 决定你自己是通过价格简化还是命题简化来应对挑战。
3. 承诺通过更彻底的简化来抵御威胁。
4. 采用能够使成功机会最大化的结构体系。

要完成上述第4点，意味着要从以下5个选项中择其一：

- 在现有组织之内开发和制造全新的、简单的产品。但这样做几乎总会失败，例如，DEC命运多舛的个人电脑，就是在其作为核心业务的微型计算机的组织里生产出来的。
- 放弃你现有的、更复杂的产品，完全转向开发新的、简单的产品。这样可能会奏效。例如，我们下面将要看到凯马特在20世纪60年代放弃其超市业务，只专注于折扣店的例子。另一个例子是麦当劳，它放弃了成功的烧烤餐厅，把赌注都压在了汉堡上。

- 建立一个平行的、完全独立的部门来供应全新的、简单的产品。只要新部门能够真正独立自治，这也是可能会成功的做法。例如，惠普的新喷墨打印机业务部门。
- 赞助一家衍生公司生产新的简单产品。例如，昆腾对 Plus 开发公司的资助。
- 收购一家或多家新的简化公司。这通常是成功率最高的策略。例证之一就是艾伦·布拉德利公司收购了电控领域的两家新企业。

反击价格简化

英特尔

英特尔公司于 1969 年发明了动态随机存取存储器（Dynamic Random Access Memory，DRAM），并在几年内取得了很好的成绩。然而，在 1978 年，日本的半导体制造商已经能够以更低的价格与英特尔竞争。几年之后，这些低成本竞争者已将英特尔置于极为危险的境地。

颇具讽刺意味的是，为了自救，英特尔委派了一家日本计算器制造商研究开发微处理器。克莱顿·克里斯坦森教授对微处理器的描述如下：

> 尽管如今看起来已是主流，但微处理器刚出现时绝对是颠覆性技术。它们只能实现有限的功能……但它们体积小，结构简单，并且能让应用程序进行一些曾经不具备的逻辑与计算能力。

20 世纪 60 年代，计算机是由多个集成电路驱动的，比微处理器耗电更多，产生的热量也更多。而微处理器体积更小，性能更高，也更容易安装到设备中，因此对使用者更友好。1971年推出的英特尔4004是第一款商用微处理器，但此后过了很长时间，英特尔才有能力生产出可用于多台设备的可行产品。（它最终受益于"摩尔定律"，即芯片上的元件数量每两年增加一倍。）重大突破发生在1981年，即IBM决定在其个人电脑中使用英特尔8088微处理器时。[1] 此后不久，英特尔也向"克隆者们"提供了产品，也就是成本较低的个人电脑制造商康柏等公司，它们很快就超过了IBM。这一战略取得了惊人的成功。从1979年到1987年，英特尔的市值从40亿美元跃升至1970亿美元。

但是开发突破性产品的机会少之又少。如果命题简化行不通，那对于价格简化者最好的回应就是超越他们，进一步进行简化。我（理查德）在20世纪90年代初就有这方面的亲身经历。

斐来仕

斐来仕（Filofax）是数字记事本时代之前的标志性个人记事本制造商。它在20世纪60年代到1987年间曾有过一段辉煌，但随后其销售和利润都开始下滑。该公司的成功，以及其高价和高利润，招致了成本低的竞争者。在英国，它的主要竞争对手是价格简化者（Microfile），后者能够以不到一半的价格提供几乎相同的产品。

随着斐来仕资金开始短缺，我（理查德）组织了一次救援竞标，掌握了公司的控制权。我的设想很简单，既然Microfile已经进行了价格简化，那斐来仕也应该如此。Microfile的全球销售额仍低于斐来仕，所以我们采

---

[1] 英特尔的联合创始人兼董事长戈登·摩尔最初让IBM在其个人电脑中使用8088微处理器，他轻描淡写将其定为公司在设计方面取得的"小小胜利"。

用了它的成本削减措施：我们用塑料取代了皮革封面，从斯堪的纳维亚半岛采购了更便宜的纸张，同时将制造和物流工作外包。我们认为，这样做应该能够让斐来仕的成本低于 Microfile。我们还将产品系列从几百种缩至 4 种，并将大部分精力放在新的主打产品上——一款囊括了日记、日历、地铁和公交地图、通讯录和便条的"标准集合本"。我们还改进了设计，使产品不仅价格低廉，还具有使用乐趣。

3 年内，斐来仕销量翻了两番，重新获得了市场领导权。而我们以买入价格的 7 倍出售了该公司。

无论是产品还是技术都没有重大变化，并且作为一家产品单一的公司，斐来仕相对来说更容易扭转局面。但如果商业模式发生了根本性的变化，情况就大不同了。

沃柯 vs 凯马特

20 世纪 50 年代，F. W. 伍尔沃思是全球杂货店的领导者。它所面临的强劲对手只有 S. S. 克雷斯吉，但后者被牢牢限制在第二名的位置上。然而，进入 20 世纪 60 年代后，一种新的零售形式——折扣店出现了。如果不考虑技术因素，这些商店从概念上看，就是线上零售商的前身。它们是拥有更低价格、更低利率的价格简化者，依靠低价吸引顾客，使它们的库存周转率高得多，从而得到了补偿。

1962 年，伍尔沃思和克雷斯吉各自开设了第一家折扣店，分别取名为沃柯与凯马特。克雷斯吉把所有资金都押在了凯马特上，关闭了所有的百货商店；而伍尔沃思则决定双管齐下。最初，沃柯有自己的折扣商店总部，但为了节省资金，折扣商店总部被并入了伍尔沃思的百货商店体系。在伍尔沃思管理层的压力之下，沃柯逐渐将毛利率从 20%（与凯马特类似）提升到33%，接近伍尔沃思其他商店的毛利率。

凯马特对新业务的全面投入，以及伍尔沃思模棱两可的经营策略有着一个可预见的结果。到1971年，前者的收入达到35亿美元，是一家利润极高的企业。相比之下，伍尔沃思的销售额还不到10亿美元，根本没有赚到钱。1982年，伍尔沃思完全退出了折扣零售业。

资助衍生企业

那么，建立一个独立部门或运营网点是否可行呢？对于IBM和伍尔沃思而言，答案自然是否定的，部分原因是，这两家公司在艰难时期，母公司都遏制了新部门的自主权。然而，正如我们之前所看到的，建立独立部门对惠普公司的确奏效，因为它没有限制新的喷墨打印机部门的自主权。我们还看到，Plus开发公司几乎也是独立自主地向更简单的磁盘驱动器过渡的。而且，由于其母公司昆腾提供了资金支持，保留了80%的股权，所以它得以在8英寸磁盘驱动器市场的竞争对手都消亡时，还能生存下来。

然而，由母公司在新企业中持有大量股份并提供赞助的衍生公司非常罕见。这一点令人惊讶，因为衍生公司除了具备建立资助部门的所有优势，还有一些其他方面的好处：

- 提出建立与领导衍生公司的人，可能会比自主部门的领导人更具有创业精神，更有动力为企业创造更大的价值。
- 在衍生公司初步成立之后，可以独立于赞助公司筹集资金。这也许是最重要的优势。虽然"自治"听起来不错，但事实是，谁掌握了经济大权，谁才能控制企业运营。财务独立是管理独立的必要条件。

- 衍生公司的员工往往会比在大公司内部自主部门的员工对自己的命运更有主宰感。企业安全网络的缺失，往往使分立公司的领导者更加注重商业利益与资金意识。
- 独立的法律和所有权结构不可能让提供资助的母公司失去理智，重新将新公司再合并回来。
- 若衍生公司完全能够独立，它就可以自己发展出适合更简单产品与新客户的文化与经验法则。它也更有可能专注于降低成本，因为它不会受限于任何对于相互蚕食的恐惧。
- 最后，衍生企业为极具才华却同时极具破坏性的那部分员工提供了良好的归宿。例如，如果创办了 NeXT 的史蒂夫·乔布斯和苹果的员工在 1985 年从苹果公司"拆分"出去，并由苹果公司掌握新企业的大量股权，情况会如何？（这并不是一个荒谬的想法。最初，苹果董事会提议在乔布斯的新企业中占有 10% 的股份。乔布斯同意了，但他的工作伙伴们否决了这一提议。）这本应能够让乔布斯更从容地离开苹果，也会在 10 年后让乔布斯因苹果的迫切需要而回归得更加顺利。

收购

当面对新的简化公司时，市场领导者可能会选择收购这家新兴公司，而非与之竞争。如果简化公司拥有全新的技术或商业模式，收购就会尤具吸引力，就像必发与艾伦·布拉德利公司。收购简化公司可以消除竞争，使收购方在新的商业模式中占得先机，相当于购买了一份低成本的保险。

但需注意的是，如果领导者通过干预，削弱被收购公司的地位，收购就可能无法成功。让被收购的公司保持独立与自主对于收购是否成功而言至关重要。例如，雅虎网络相册（Flickr）在 2005 年被雅虎收购时，它是在线照片分享领域无可争议的领导者，但在此之后，雅虎为之强加了一套新的目标，并试图将 Flickr 纳入公司整体发展流程。结果，创新遭到忽视，脸书和 Instagram 在市场上取代了它，Flickr 自此风光不再。

反击命题简化

在对抗价格简化时，市场领导者有好几种选择。但若要反击命题简化者，则困难得多。

对价格简化而言，只要它一进入市场，其路线就很明显。如果市场领导者选择参与到这个新游戏中，或是为了防范风险，保护自身，它都会有足够的资金和市场为其提供保证。因此，至少从理论上来看，它应该能比缺乏资金与有经验管理者的初创企业更快一步。

相较之下，如果平日不多留心，你可能根本无法与一款命题简化产品抗衡。新产品在大放异彩之前，可能会在开发过程的暗处蛰伏数年之久。而一旦被推出，市场领导者可能就得花上好几年来将其复制。而那时，市场新进入者可能已经抓住了先发制人的优势，锁定客户，建立了分销与规模优势，并在新的市场类别中巩固其品牌形象。

因此，市场领导者很少能够击退那些兼具使用乐趣与易用性的产品的创新者。

1995 年，AltaVista 通过命题简化，推出了一个比其他引擎都更快、更全面的搜索引擎。结果，它一举成为排名第一的在线搜索引擎，也是早期互联网访问量最大的网站之一。但是，当谷歌推出了一款更快、更简单、更准确和更容易使用的引擎时，AltaVista 很快就被淘汰了。无论是康柏还是雅虎（它们都收购了 AltaVista）都无法拯救它。

同样，索尼随身听刚刚问世，就夺取了立体声播放器市场领导者的宝座，它首先击退了德裔巴西企业家安德烈亚斯·帕维尔创造的"立体声带"，随后又超过了东芝、爱华和松下。当时，随身听是市场上最简单的产品，使用起来也很方便。

1987年，奥地利企业家迪特利希·马特希茨成立了红牛公司。这是一种泰国饮品的简化版本，他将其作为一种"能量饮料"进行销售（这是马特希茨真正有创新意义的想法），他还将饮料装进美观、瘦长的银蓝色罐子中，并迅速在整个西方世界推出这款饮料。从那时起，许多价格更低的模仿者都取得了些小成功，但没有谁能动摇红牛的地位。这与可口可乐与百事可乐之争有相似之处，后者在价格上进行了简化，抢占了部分市场，但从未独占鳌头。

智能手机领域也出现了类似的模式。十几年来都占据移动电话制造商主导地位的诺基亚被苹果驱逐出门。此后，三星又以其更便宜的产品挑战苹果，尤其是在欧洲市场。然而，从2007年到2012年，iPhone 都是美国和全球市场的领导者，尽管其手机价格远高于其他竞争对手。

对抗价格简化者和命题简化者

市场领导者很少会同时受到价格简化者与命题简化者的冲击。但正如我们所见，IBM 在20世纪80年代中期就遭遇了这样的状况。当苹果麦金塔电脑出现时，IBM 甚至没有尝试过制造一台更直观、更好用的电脑。而大约在同一时间，它也输给了擅长价格简化的惠普、康柏和戴尔。

IBM 本可以做些什么来应对这些威胁呢？它本可以在1982年收购苹

果，然后将所有精力都投入到命题简化上。但事实上，它试图融合两个完全不相容的策略，也因此最终在这两方面都大败而归。

收购命题简化者的价格降低了吗？

现在，硅谷的几家公司似乎特别热衷于收购那些可能带来威胁的命题简化小企业。

Waze 成立于 2008 年，旨在开创新一代 GPS（全球定位系统）软件，它从用户处收集有关交通堵塞的信息并提供实时更新。一旦开发完成，这项免费的命题简化服务会大大提高使用乐趣，因为它比传统的 GPS 要简单与实用得多。2013 年，谷歌以 9.96 亿美元收购了 Waze。

视频共享网站 YouTube 于 2005 年推出，谷歌在第二年就将其收购。自那之后，网络效应使 YouTube 在市场上获得了巨大的领先优势，并且，由于 YouTube 掌控着内容，它可能永远都无法被复制。当谷歌收购该服务时，YouTube 正在经历指数级增长，因为上传至 YouTube 的视频立即就能通过审核，而上传至谷歌的视频则需要 3 天的审核时间。这一时间上的延后遏制了视频的活力与自发性。相比之下，YouTube 是更能提升使用乐趣的命题简化者。而如今，它也成了世界上第二大搜索引擎（仅次于谷歌本身）。

通过收购这些业务和其他与其核心搜索引擎业务相关的业务，谷歌巩固了其在搜索领域的主导地位，并在该市场上建立了一个应对竞争的缓冲区。

WhatsApp 是 2009 年推出的跨平台的短信订阅服务。截至 2014 年 4 月，WhatsApp 已拥有 5 亿活跃用户，每天处理超过 100 亿条短信，分享 7 亿张照片和 1 亿条视频。半年后,脸书以惊人的 190 亿美元收购了这位竞争对手。这就是另一个命题简化者的例子。

关键点

1. 要对抗简化者,领导者公司必须进行最彻底的价格简化或命题简化,并且必须采用能够最大程度实现这一目标的结构体系。

2. 如果你能保证收购后不干涉被收购公司的独立运营,收购往往是击退简化者最佳也最简单的方法。

3. 对抗价格简化比对抗命题简化更容易。在后者出现的情况下,有时候,如果市场领导者要避免灾难,尽早收购简化者是唯一的选择。

现在我们来看看本书的最后一部分,我们将要探讨的是,简化是否真的对财务回报有巨大影响。

第四部分

简化的回报

在最后一部分中,我们将看到价格简化和命题简化带来的回报。然后我们会进行一次小小的"考古发掘",来探寻为何回报收益高低不均,然后再探讨简化的局限性、力量与荣光。

第 15 章　价格简化是否会带来回报？

我们会让电力便宜到只有富人才会用蜡烛。

——托马斯·爱迪生

价格简化带来的回报能有多高？关于简化成功持续多久，我们的案例研究又给予我们怎样的启发？

要弄清楚简化的经济回报，我们请 OC&C 研究了他们认为 20 世纪以来最重要的简化案例，共 12 个，其中包括 6 例价格简化与 6 例命题简化。在本章中，我们将看到价格简化者的结果；而下一章，我们则着重讲述命题简化者的结果。OC&C 的发现并不能保证未来也会有类似的模式出现，但这 12 个案例至少会给我们带来一些启示。

这 6 名价格简化者在前文都出现过，但本章中，我们将重点讨论价格简化对他们各自命运和市场规模的影响。

福特

你可能还记得第一章的内容——亨利·福特在 1906 年开始进行简化。福特致力于打造一种车型，即 T 型车。在 T 型车问世后，福特投资设立了当时世界上最大的工厂，用以大规模生产 T 型车。大规模扩张期随之而来。最大的突破出现在 1913 年，当时移动流水线取代了批量生产。凭借基础但杰出的设计以及逐年递减的价格，福特简直无往不利，在 1917 年，福特公司的一些生产部门被转用于战争工作以前，T 型车的销量一直以每年 47% ~ 117% 的速度增长。

这一通过推出越来越便宜的 T 型车以进行迅猛的市场扩张的时期，从 1920 年以后势头开始逐渐减弱。尽管福特在这一年售出了 125 万辆汽车，创造了新纪录，但在此之后，福特车的销量就开始下降，因为新组建完成的通用汽车将竞争力从价格转移到了车型创新，它们向更富裕的客户提供更新颖、更多样化，性能也更好的产品。因此，OC&C 决定只对 1906—1920 年的福特进行研究，以衡量其在价格简化方面最深远的影响。1906—1920 年，福特车的价格下降了 76%，考虑到同一时期消费品价格上涨了一倍多（居民消费价格指数上涨了 130%），此番价格下降着实令人印象深刻。更令人吃惊的是，该公司的总收益从 1906 年的不到 240 万美元上升到 1920 年的 3.59 亿美元，增长了足足 150 倍。公司每年的汽车销量增长更是惊人，增长了 782 倍。其市场份额（按销量算）从 1906 年的 8% 飙升至 1920 年的 75% ~ 80%（美元市场份额略低，在 65% ~ 70%）。

福特的单位市场份额增长超过了 500 倍，市值则增长了 150 倍，而后来新组建完成的通用汽车作为福特在 1906—1920 年以及 20 世纪大部分时间的主要竞争对手，在这一时期市值仅增加了 9 倍。因此，"价值表现"（value outperformance）的数值，即福特市值增长的倍数与其竞争对手市值增长倍数之比，约为 17。按绝对价值计算，1906—1920 年，福特公司的价值增长每年都以 43% 的速度递增。

这些惊人的成就可以总结在图 15-1 中。

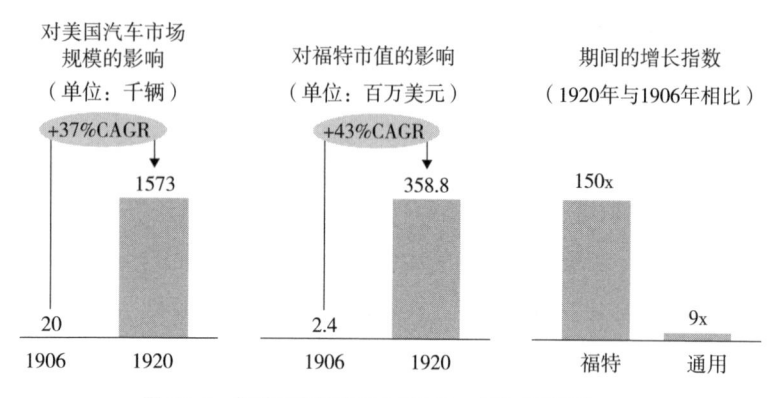

对美国汽车市场规模的影响（单位：千辆）	对福特市值的影响（单位：百万美元）	期间的增长指数（1920年与1906年相比）
+37%CAGR	+43%CAGR	
20 → 1573	2.4 → 358.8	福特 150x / 通用 9x
1906　1920	1906　1920	

图 15-1　福特早期的增长（CARG：复合增长率）

众所周知，福特汽车公司从 20 世纪 20 年代起直至 20 世纪末，经营情况每况愈下。1935 年，市场领导者的地位被通用汽车取代，福特没能继续进行价格简化，也没能成功进行命题简化。在之后 10 多年里，福特既没能像大众甲壳虫和宝马 Mini 那样重新定义低成本汽车，也没能达到丰田和其他亚洲汽车制造商的质量水平。

耐人寻味的是，从 1906 年至今，福特的市值增长超过 24451 倍，年复合增长率为 10%，而通用汽车的市值"只"增加了 500 倍，因此，福特的市值在长期内（尽管对手也有致命弱点）的"价值表现"数值为 49。这表明，身为第一位价格简化者，亨利·福特通过他所说的"使汽车大众化"而创立的品牌资产如此巨大，延续了一个多世纪，并在此期间持续产生高于平均水平的财务回报（见图 15-2）。正如后文所提到的，企业可以从早期的创新中获得持久优势，这一模式在其他行业也很明显。

简化的回报　177

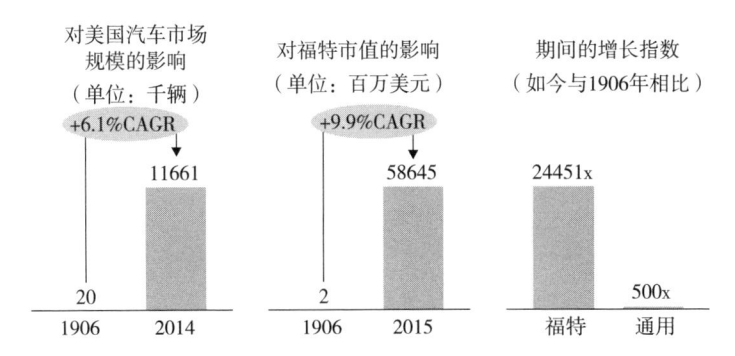

对美国汽车市场规模的影响（单位：千辆）	对福特市值的影响（单位：百万美元）	期间的增长指数（如今与1906年相比）
+6.1%CAGR	+9.9%CAGR	
1906: 20　2014: 11661	1906: 2　2015: 58645	福特: 24451x　通用: 500x

图 15-2　一个世纪内福特的发展情况

麦当劳

1948 年，麦当劳兄弟将他们的传统烤肉餐厅改造成了与福特有异曲同工之妙的生产线。他们利用自己的"快速服务"，以竞争对手一半的价格，即 15 美分而非 30 美分，提供高品质的汉堡包。正如我们在第 3 章所述，麦当劳进行价格简化的方式是将菜品减少到只有 9 种，接着大批量购买这些菜品所用的原料，并说服顾客自己为自己服务以减少烹饪与送餐的时间，从而服务更多的顾客，并且无须更换更大的场所或雇用更多的员工。这是一场华丽而简单的经济革命。

财务回报来得很快。1948 年，也就是"新"麦当劳的元年，麦当劳的总利润约为 5 万美元，而位于圣贝纳迪诺的门店在当年年末的价值达到了 23.7 万美元。13 年后，雷蒙·克罗克的财团以 270 万美元的价格买下了麦当劳的全部业务，如今这家企业名下有 13 家餐厅。在 1948—1961 年，麦当劳的市值增长了 11.4 倍，实现了 20.6% 的年复合增长率（见图 15-3）。当然，这一数值并不包括 1947—1948 年的价值增长，因为这段时间里麦当劳正在向新型汉堡包餐厅转型。由于我们知道这使公司的收益翻了一番，所以我们可以合理推断，新系统下的实际增长至少是1948—1961年估值的两倍。

对美国餐厅市场
规模的影响
（单位：百万美元）

+4.3%CAGR

6338　10907

1948　1961

麦当劳的市值增长
（单位：百万美元）

+20.6%CAGR

0.2　2.7

1948　1961

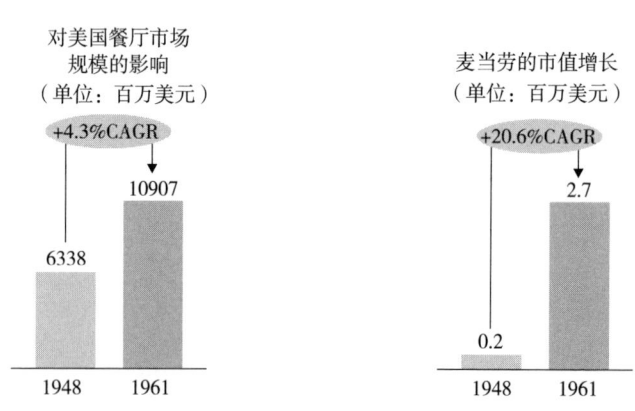

图15-3　麦当劳的早期增长情况

接下来，OC&C分析了麦当劳在1961—2014年的市值增长情况，这期间雷蒙·克洛克和他的继任者先后在美国各地与世界范围内推出了简单的麦当劳"配方"。麦当劳在2015年的市值为930亿美元，自1961年以来增长了34627倍，实现了21%的年复合增长率。在此期间，麦当劳在连锁餐厅中独占鳌头，因此OC&C将麦当劳的增幅与同期增长了28倍的标准普尔（S&P）500指数做了对比（见图15-4）。由此可见，麦当劳的价值表现比标准普尔指数高出1249倍。

这一令人印象深刻的业绩是基于麦当劳惊人的收入增长（1961—2015年增长了10554倍）、市值与利润的增长。简单来说，收益增长乘以3就能得出市值的增长。

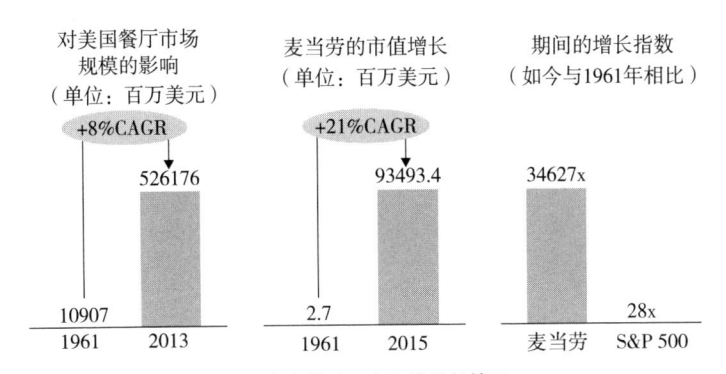

对美国餐厅市场规模的影响（单位：百万美元）	麦当劳的市值增长（单位：百万美元）	期间的增长指数（如今与1961年相比）
+8%CAGR 10907 → 526176 1961　2013	+21%CAGR 2.7 → 93493.4 1961　2015	麦当劳 34627x ； S&P 500 28x

图 15-4　麦当劳时至今日的增长情况

但是，如若没有过去 54 年内收益的指数级增长，麦当劳如今就不会有这么高的市值。这对市场增长率有什么启示呢？OC&C 发现，美国餐饮市场的价值从 1961 年的 109 亿美元到 2013 年的 5262 亿美元，增长超过 42 倍，年复合增长率为 8%。然而，这大大低估了美国与世界各地的麦当劳、汉堡王、温蒂汉堡（Wendy's）这样的"快餐汉堡店"的实际增长。如果我们假设麦当劳在 1961 年占有快餐汉堡市场约 95% 的份额，今天它在全球占有的市场份额大约为 50%，那说明市场规模增长了超过 2 万倍，即持续半个多世纪复合年增长率达到 20%。[①] 而这一切都得益于简化的零售计划与 50% 的降价！

西南航空

在第 10 章中，我们追溯了赫伯·凯莱赫创建西南航空的故事。1971 年，

[①] 作者根据麦当劳 1961 年 260 万美元的收入和 2014 年 274.41 亿美元的收入（麦当劳年度报告）计算。

只需 20 美元就能搭乘这家全新航空公司的飞机,从达拉斯飞往圣安东尼奥或休斯敦,而平均票价比以前便宜了 65%。1971 年,西南航空首次公开募股,公司的估值仅为 650 万美元。8 年后,西南航空营业额达 1.36 亿美元,营业净利润达到 2900 万美元,市值为 6190 万美元。在此期间,西南航空市值增加了 9.5 倍,而同一时期美国航空的市值则下降了 40%,标准普尔 500 指数仅增长了 10%,几乎停滞不前。在这 8 年中,整个航空业的收益增长了将近 3 倍,但几乎所有全价航空公司都没能实现利润的增长(见图 15-5)。

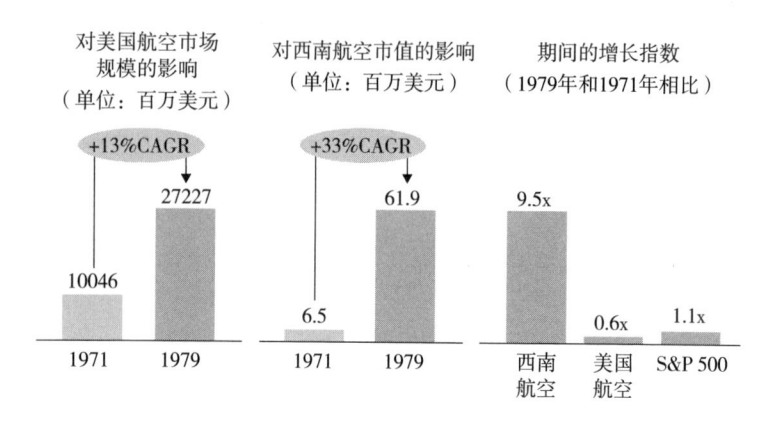

图 15-5 西南航空在 20 世纪 70 年代的增长情况

1979 年,美国航空市场解除管制,西南航空因其是"低成本航空公司"而大幅扩张。到 2011 年,按载客量计算,它已成为美国第一大航空公司,3 年后其收入(186 亿美元)比 1979 年高出 137 倍。其市值在同一时期增长得更快,以 468 倍的增速达到了 290 亿美元。相比之下,美国航空公司的市值(相较于 1979 年的极低基数)只增加了 74 倍,标准普尔 500

指数只增长了 19 倍（见图 15-6）。价格简化者又一次通过在最初几年迅速推广自己的方案，实现了长期的巨幅价值增长与惊人的业绩表现。

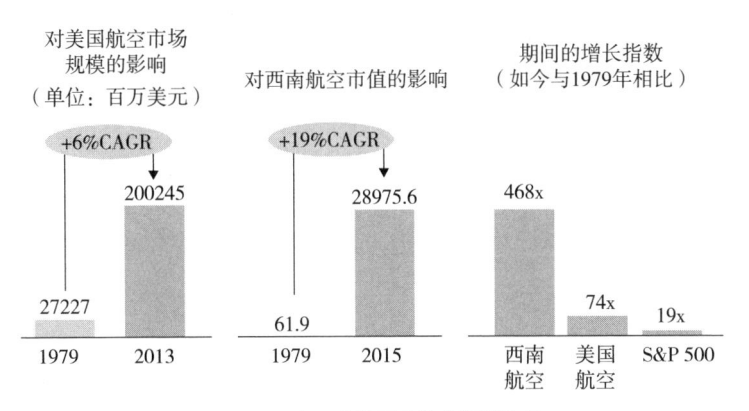

对美国航空市场规模的影响（单位：百万美元）
+6%CAGR
27227（1979） 200245（2013）

对西南航空市值的影响
+19%CAGR
61.9（1979） 28975.6（2015）

期间的增长指数（如今与1979年相比）
西南航空 468x
美国航空 74x
S&P 500 19x

图 15-6　1979 年至今的西南航空增长情况

宜家

正如我们在第 2 章中所提到的，英格瓦·坎普拉德通过一个专属系统简化了家具行业，降低了每一个环节的成本，尤其是宜家鼓励顾客在家中自行组装平整包装家具这一创新举措，很大程度上节省了运输成本（在传统家具行业，运输成本可能占到总生产成本的一半）。坎普拉德坚持设计制造比原本价格低 50%～80% 的全新产品。

从 1958 年发展到 1974 年，宜家在斯堪的纳维亚半岛的扩张使其收入和市场价值增长了 56 倍，也就是每年增长 29%。但要计算宜家的真正价值十分困难，因为像宜家一样的私营企业都是出了名的吝于公开其经济数据和产品成本。然而，我们知道 2014 年宜家的收入为 293 亿欧元，比 1974 年该公司初次进军世界家具市场时高出 173 倍。宜家 2014 年公布的营业收入为 37.93 亿欧元，但这不包括由宜家内部系统公司（Inter IKEA Systems）收取的占收益总额 3% 的"特许经营费"。如果这一高达 8.79 亿欧元的费用也被算入营业利润中，并且保守地乘以 10 倍，那我们就可以得出宜家的总"经济价值"约为 467 亿欧元。[①] 这也意味着其现今的价值比 1974 年高出 173 倍，即年复合增长率为 14.1%（见图 15-7）。

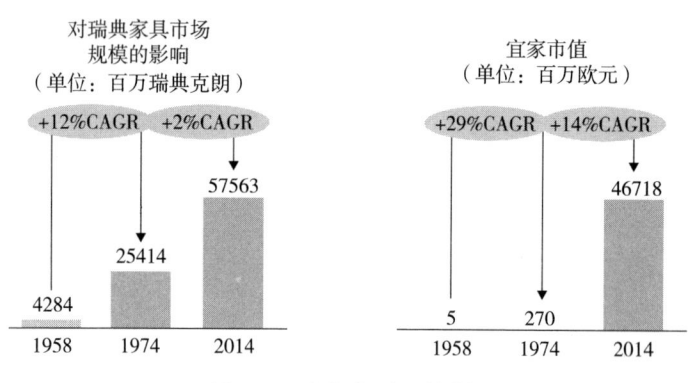

图 15-7 宜家时至今日的增长

价格简化再一次带来了长达数十年的惊人的市值增长。直观地说，我们可以将其理解为两种价格简化优势相互作用的结果。第一个简化优势是竞争安全，因此利润稳固，因为没有竞争对手能够以相同的低成本达到相同的规模。尽管价格很低，但宜家的营业利润率仍然超过 15%，是其主要竞争对手的两倍之多。

价格简化的第二大优势是，它适合通过国际化来实现增长，在大幅增

[①] 与此相比，2012 年彭博亿万富翁指数对英格瓦·坎普拉德的总财富估计为 524 亿欧元。严格来说，这样是不对的，因为这个商业帝国并不为坎普拉德个人所拥有，但它可以被视为对所有宜家实体总价值的合理估计。

加收入的同时，也扩大了规模，提高利润率。尽管宜家的增长现在变缓了，但在过去 25 年左右的时间里，其年收益增长了 14%，而该行业的其他企业仅增长了 2%。

嘉信理财

1975 年，美国证券交易委员会取消了对经纪人佣金的限制，于是，嘉信理财将经纪人佣金率削减了 80%。此后，该公司又将佣金降低到原来的 1/10 以下。正如我们在第 11 章中所提到的，该公司对其系统进行了自动化改革，在 1982 年成为第一个能够全天候直接进入股票市场的公司。

此后，嘉信就始终保持着折扣经纪市场领先地位，从其催化的、呈爆炸式增长的市场中获得了巨大的利益。该市场从 1975 年的 74 亿美元，发展至 2014 年的 2720 亿美元，增长了足足 35 倍，相当于每年复合增长率为 10%。与此同时，嘉信理财的价值增长更为惊人，从最初的 10 万美元到 2015 年的 435 亿美元，实现了 435471 倍的增长，即年复合增长率为 38%。而嘉信理财最大的竞争对手美林证券，既非折扣经纪商，也非价格简化者，

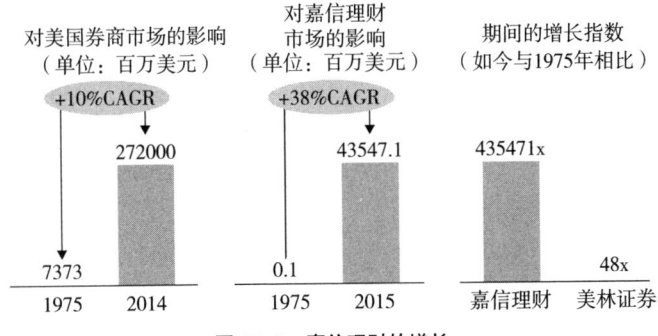

对美国券商市场的影响（单位：百万美元）	对嘉信理财市场的影响（单位：百万美元）	期间的增长指数（如今与1975年相比）
+10%CAGR	+38%CAGR	
7373 (1975) → 272000 (2014)	0.1 (1975) → 43547.1 (2015)	嘉信理财 435471x，美林证券 48x

图 15-8　嘉信理财的增长

它在这整段时期内，仅实现了48倍的增长。因此，在我们的6位价格简化者中，嘉信理财在"价值创造表现"方面一马当先，因为它比起最大竞争对手的表现要高出9165倍。而在业绩表现方面，嘉信也确实独占鳌头（想想过去的一个世纪里，福特的表现比起其最大的竞争对手通用汽车也"只"高出了49倍）。

嘉信理财的故事再次强化了我们的主题：价格简化者能够取得持久的成功。有意思的是，2004年该公司的利润曾有过一次下跌。该公司的创始人查尔斯·施瓦布辞职卸任后，由长期任副手的戴维·波特鲁克接手管理工作，时间为一年。波特鲁克违背了公司的传统，提高了价格，他最终也受到了惩罚——公司交易收入下降26%。在这之后创始人再次执掌大权，取消了增加佣金的做法，并通过进一步降低费用，将公司提升至一个全新的高度。

本田

我们曾在第8章中提到，本田最初的错误在于其初次进军美国摩托车市场时，忽视了其了不起的小型摩托，即排量为50cc的"超级幼兽"。在川岛喜八郎的建议下，公司很快纠正了这一错误，但如果它从一开始就遵循基本的价格简化规则，就可以避免几个月的亏损（以及几乎为零的销售额）。这条规则是，如果你拥有一款设计精良的低成本产品，并且能够以同类产品一半的价格出售它，即使这个对手的产品在技术上更胜一筹，你也可以放手去做！

在这个案例中，同类产品就是美国（以及之后的英国）的低功率摩托车。本田的摩托车在价格上比这些竞争对手的产品大约低了70%~80%。显然，并非所有购买更昂贵的国内产品的顾客都能接受产自日本排量为

50cc 的摩托车，但有此需求的顾客已经足够让本田立足于美国市场了。

虽然"超级幼兽"在性能上比不过其竞争对手，却拥有超高的性价比。波士顿咨询在 1975 年对英国摩托车行业所做的报告显示，即使本田给员工的工资提高 45%，本田制造一辆性能相似的摩托车的人力成本仍然只约占英国生产成本的 1/10。这家日本公司之所以能做到这一点，部分原因是生产规模较大，但更主要的原因是其精良的设计和较低的生产成本。正如报告中所说：

> 人们常说，本田是通过铺天盖地的广告宣传与促销活动，才在美国与其他地区打开了市场的，我们将其称为摩托车的二次应用。的确，本田公司确实以一种全新的方式，将摩托车的吸引力表现为一种"有趣"的活动……但是，这些宣传活动成功的基础，还是该公司的主打产品轻便摩托是有趣且易于使用的，并且不会出现传统摩托车普遍存在的机械问题，价格也很便宜。

在第 8 章中我们看到，本田进入美国市场，催化了摩托车市场的规模在 1959—1975 年达到了 10 倍的增长。在这一时期，本田也开始在模块化摩托车组件设计的帮助下，制造性能更强大的摩托车。这迫使更成熟的英国摩托车制造商诺顿 – 维利尔斯 – 凯旋（Norton Villiers Triumph）不得不面临破产。然后，本田又步步逼退美国市场领导者哈雷，使其不得不从"细分市场撤离"，转而生产更大型的摩托车，这也是本田唯一不具备优势的一款车型。

OC&C 的分析显示，在 1959—2015 年，本田的市值增长了 377 倍，而其主要竞争对手哈雷"仅仅"增长了 33 倍——前者的业绩超过了后者足足

11倍（见图15-9）。

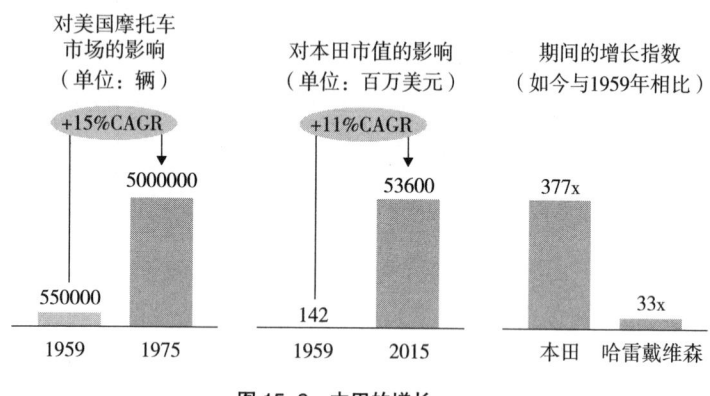

对美国摩托车市场的影响（单位：辆）
+15%CAGR
550000（1959） 5000000（1975）

对本田市值的影响（单位：百万美元）
+11%CAGR
142（1959） 53600（2015）

期间的增长指数（如今与1959年相比）
本田 377x　哈雷戴维森 33x

图15-9　本田的增长

本田在汽车和其他领域采取了类似的价格简化方法，将其简单的引擎技术发挥得淋漓尽致。

从统计学角度来说，仅仅对6个案例进行研究还远远不够，但这些案例间的相似之处着实有趣，值得细究。

- 在每一个案例中，价格减半都会使市场规模成倍增长，更精确地说（如快餐汉堡），价格简化能在半个多世纪里，使企业利润实现每两年翻一番，实现数万倍的增长。
- 在每一个案例中，价格简化者的总收益都增长了几千倍（其中一个案例更高达28万倍）。
- 在每一个案例中，公司市值都急剧上升，增幅达到了数十倍、数百倍、数千倍、数万倍甚至数十万倍。
- 在每一个案例中，年复合增长率都极为惊人，从持续一个多世纪的 10%，到持续 40 余年的 40% 不等。
- 在每一个案例中，与非简化公司或股票市场相比，简化者的表现都极为惊人，从高出 11 倍到超过 9000 倍不等。
- 在每一个案例中，即使公司不再创新或是不再削减价格，市值增长仍会持续数十年。

接下来让我们来看看，OC&C 选择进行分析的 6 位命题简化者，它们的情况是否会有所不同。

第 16 章　命题简化是否会带来回报？

> 从 iPod 项目开始，乔布斯每日都沉浸其中。他的首要诉求就是"简化！"，他会仔细检查每一个用户界面，并进行严格试验：他要求在三次点击内完成操作，且点击步骤必须清晰直观。如果找不到打开某个页面的方法，或是需要点击超过三次，他就会大发雷霆。
>
> ——沃尔特·艾萨克森

前文的 6 个命题简化者的案例给了我们怎样的启示？命题简化带来的回报能否像价格简化一样令人印象深刻呢？

亚马逊

我们先从一个小问题入手。亚马逊究竟是价格简化的例子，还是命题简化的例子，还是两者兼具呢？

我们决定将该公司归为命题简化者，因为它使购买图书（之后是购买一般商品）变得如此便捷。要做到这一点，它需具备 4 个基本要素：

1. 亚马逊开创了在线图书销售（以及之后其他品类产品销售）的先河，品种繁多，购买便利，人们自此不用特意去商店就能买到想要的任何商品。

2. 亚马逊的专利"一键式下单"系统，让购物变得更加便捷。

3. 亚马逊的评论与建议板块提供了大量信息，为购买决策提供参考

（并刺激顾客购买更多的东西）。而且亚马逊也是这一系统的先驱者，即使这一系统之后被大量模仿，但很少能被超越。

4. 亚马逊还建立了销售市场，允许其他卖家也能参与其中，再一次为顾客提升了购买便利性，增加了可供选择的产品种类。

有了更高的易用性，在亚马逊购物成为一种享受，所以它显然是一名命题简化者。

但亚马逊同时也提供了无可匹敌的低价。那么，它也是一名价格简化者吗？

OC&C 计算表明，亚马逊为畅销（实体）书籍提供平均 32.7% 的折扣，而同样是这本书，Kindle 电子书的价格折扣平均为 53%。尽管二者相差不远，但是这显然不符合我们对价格简化者的基本要求，即价格简化者须把价格减半。然而，零售商或许应该被视作一个特例，因为比起大部分企业，他们的商品成本（他们在销售前必须购买的东西）在最终销售价格中所占的比例要高得多。对所有企业而言，价格简化真正的衡量标准，应该是降价时去除的"附加价值"所占的比重。降价之后，亚马逊在书籍上获得的附加价值并不比购书的顾客高多少。证据就是，亚马逊目前的营业利润率仅为销售额的 1%，而大多数零售商（包括其他在线零售商）的利润率在 3%~15%。

对命题简化者来说，最大的威胁就是竞争对手可以轻易模仿这些创新点，以提升用户的使用乐趣——亚马逊也不例外。如今，所有商家都拥有一键销售、发布在线评价或是提供精准推荐的功能。许多网站现在都吹嘘自己能够为顾客提供种类繁多的特定商品。竞争对手也已无数次复制了亚马逊的 Kindle，从软件到硬件都不放过。因此，尽管亚马逊有庞大的客户基础、令人羡慕的服务水平、丰富的产品类别以及广阔的第三方卖家市场，但其作为命题简化者的优势正在被逐步削弱。所以，它最终可能会被认为更像价格简化者，而非命题简化者，甚至被认为是凤毛麟角的二者兼具的简化者。尽管如此，但由于亚马逊始于命题简化，所以我们仍然将其纳入本章。

那么，在过去20年里，亚马逊对其市场产生了什么影响？

按价值计算，自1995年亚马逊成立以来，在线图书市场以平均每年21%的速度增长。亚马逊仍然是该市场的领头羊（占所有在线图书销售的63%，占总图书销售的40%），但它在其他领域的增长更加令人瞩目。自从该公司向电子消费品和其他产品市场扩张，为包括玛莎百货（Marks & Spencer）和法国鳄鱼（Lacoste）在内的商家提供网络命题简化的经验以来，其收益就开始飙升，在1997—2014年翻了176000倍，这意味着收益每年都在翻番（年复合增长率为104%）。此外，亚马逊的市场价值在1995—2015年增长了55000多倍，实现了惊人的73%的年增长率。相比之下，先前的图书销售市场领导者巴诺书店的增长为1.1倍，同期标准普尔500指数的增长为3.4倍（见图16-1）。因此，亚马逊的业绩值（相对于标准普尔500指数）高出了16448倍（当然，和其主要竞争对手相比，这一业绩值更高）。

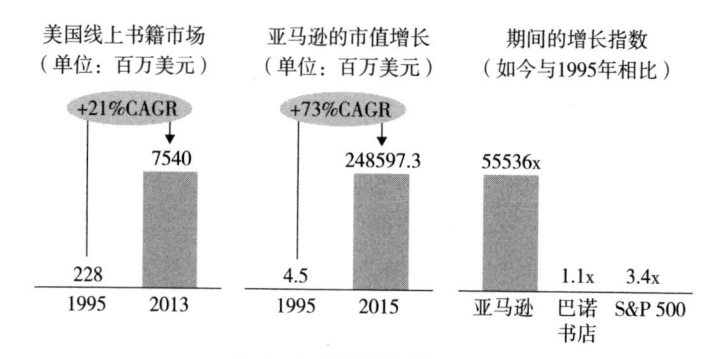

美国线上书籍市场 （单位：百万美元）	亚马逊的市值增长 （单位：百万美元）	期间的增长指数 （如今与1995年相比）
+21%CAGR 228 → 7540 1995　2013	+73%CAGR 4.5 → 248597.3 1995　2015	55536x　1.1x　3.4x 亚马逊　巴诺书店　S&P 500

图16-1　亚马逊的增长

你能同时成为价格简化者与命题简化者吗？

在正常的市场条件下，即所有竞争者都处在公平的环境下竞争，这个问题的答案当然是否定的。为了便于区分，我们稍许武断地将"正常的市场条件"定义为科技变化率很低，因此所有竞争者都有相对平等的机会获得生产与营销的基本技术，并且更新的技术得到了共享。除此之外，在正常的市场条件下，没有其他强大的非市场性效应，如严格的政府监管等。

我们很快就会解释为什么这一点很重要，但首先很明显的是，在正常的市场条件下，价格简化与命题简化的商业模式存在一些本质上的不同。我们先来研究一下价格简化的问题。

正如我们所知，价格简化是由一个单一的首要目标定义的，那就是在成本与价格上有明显的领先优势。然后，伴随这个单一目标而来的就是一种统一且相对固化的商业形式。不存在细分市场，市场就是尽可能大的大众市场；也没有能与最低价格进行权衡的实体产品属性；要实现最低价格所需的规模经济，方法其实没有太大差别。例如，英国/爱尔兰的廉价航空和美国的廉价航空使用的技术几近相同。要实现低价，就要有更大的规模，这就要把握商业与生产系统设计中的每一个机会。这种对规模的追求导致了生产系统和供应链之间形成了固定的联结，以便与更高的产量相协调。引入资本设备可以实现生产自动化、减少劳动力，但这需要大量投资。这些资产具有较长的生产寿命和投资回报期，这就意味着企业在较长的时间内会更加缺乏灵活性，受限于僵化的工作方式中。

命题简化则截然不同，因为公司必须同时应对好几个变量，而不仅仅是价格。命题简化者以几个可能出现的大型细分市场或细分市场群组中的一个为目标，并根据该目标市场的实用性、易用性和美观性的适当组合来定位产品或服务。竞争者可能会选择不同的属性组合，来蚕食、包抄或重新划分产品简化者选择的市场。这就导致了由竞争推动的产品斗争与产品进化。例如，iPhone设立了智能手机的基准，三星模仿了这个基本概念，但采用了更大的屏幕，然后苹果又研发出更大屏幕的智能机来应对。最终，iPhone为了在差异化竞争中捍卫自己的领土，发展为一个系列产品。

要应对差异化竞争，就意味着简化者必须保持产品的灵活性，而不是单纯为了降价而进行优化。幸运的是，它有这么做的资本，因为一个领先的简化主张能够维持溢价与高利润率，这反过来又提高了生产系统的灵活性和反应能力。在许多案例中，生产都通过外包以保持最大的灵活性。这与价格简化者的简化、固化、集成化、规模化与成本最优化的商业体系截然不同。价格简化者的商业体系从产品角度来说是非常不合适的，太过危险，也太有局限性，让命题简化者过于暴露在竞争的风险之下。因此，命题简化者需要将其主要精力集中在一个不断发展的领域中，生产出一款迄今为止最简单、最有吸引力的产品，而非开发出以降低成本为核心的商业系统。

因此，在一个正常的市场中，这两种策略会导致两种截然不同、无法相容的商业条件和要求。但是，如果我们去除技术稳定、所有人都有相对平等的机会这些假设，情况又会如何？

想象一下，假如你是车轮的发明者。你去当地的专利局，争取到了长期独家使用和应用这一发明的合法权利。这就让你处在了一个相当有趣的位置上。对这项非凡的新技术拥有独家使用权，使你能够生产各种完全优于先前的"物品"（驴和马、运河船、轿辇、搬运工等），并且还是以更低的价格。正是因为你的突破性发明，你能够同时成为价格简化者与命题简化者！拥有某项特别好的计划或技术的独家使用权，就是让公司能够同时成功遵循这两种战略的先决条件。

但是，对这位车轮企业家及其继任者，有一则警告：所有技术都会随着时间的推移而慢慢扩散出去。因此，在未来的某一时刻，你必须只选择一种战略而放弃另一种。如果你不这样做，你的竞争对手最终就会在价格和定位上都超过你，而你则会被困在这两条不相容的道路之中。

谷歌

如前所述，谷歌的故事非常了不起。1998年谷歌推出的搜索引擎比其他竞争对手设计的搜索引擎都更加方便快捷，它也得以迅速将当时的市场领导者AltaVista从地图上抹去。与其他成功的命题简化者一样，谷歌成功的关键在于向用户隐瞒了内部流程（也就是谷歌的算法）的复杂性，并让产品看起来超乎寻常的简单。

从那时起，谷歌就改变了广告业，随之又改变了整个传媒界。从1997年（谷歌成立的前一年）到2015年，全球互联网广告市场从9.07亿美元飙升至约1710亿美元，年增长率达到惊人的34%。而谷歌的市值飙升得更快，年复合增长率高达135%，在2015年达到近2000亿美元（见图16-2）。

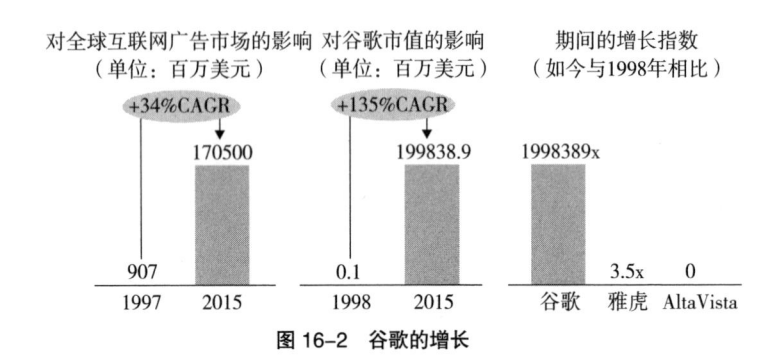

对全球互联网广告市场的影响 （单位：百万美元）	对谷歌市值的影响 （单位：百万美元）	期间的增长指数 （如今与1998年相比）
+34%CAGR 907 → 170500 1997　2015	+135%CAGR 0.1 → 199838.9 1998　2015	1998389x　3.5x　0 谷歌　雅虎　AltaVista

图 16-2　谷歌的增长

1998—2015 年，谷歌的市值增长了近 200 万倍，这也是截至目前我们所有案例研究中最高的。在此期间，AltaVista 作为谷歌早期的竞争对手早已销声匿迹，它的标准普尔 500 指数上升了 1.7 倍，而雅虎则实现了 3.5 倍的增长。当与最接近的对手（雅虎）相比，谷歌的价值表现数字已接近 60 万。这反映了一个事实，即在线网络市场在很大程度上会出现赢家通吃的情况，也就是最受欢迎的网站会获得显著的市场份额，无论是出于流动性，还是因为每个人都想使用其他人正在使用的网站，或者是因为该网站提供了明显更优的用户体验。谷歌比其竞争对手更出色的业绩也展现了它仅用短短 16 年就实现了如此高的市值的风采。历史上还没有哪一家公司能实现如此快的增值速度（即使将通货膨胀率考虑在内）。

苹果（iPod 时代）

苹果公司成立于 1976 年 4 月 1 日，1984 年通过第一款流行的"现代"计算机麦金塔电脑发了一笔横财。然后，在 1985 年史蒂夫·乔布斯被驱逐后，苹果群龙无首，彻底失去了方向，1997 年更是濒临破产。然而，乔布斯在该年年末的"二次入职"开启了苹果非凡的简化时代,并推动了公司的复兴。乔布斯只专注于两种型号的 Mac,并通过生产市场上最易使用、最有趣的个人电脑恢复了苹果的盈利。但这一利基市场的增长是有限的,打入大众电脑市场也并非上策(当时苹果在电脑领域只有 4% 的单位市场份额)。苹果公司是一名命题简化者,而非价格简化者。

那么乔布斯能做些什么呢?战略学教授理查德·鲁梅尔特回忆说,他在 1998 年会见这位苹果公司的首席执行官时,告诉他,实际上他已经走投无路了。"他没反驳我,"鲁梅尔特回忆说,"但他也没有认可我的说法,他只是微笑着说'我将等待下一个大事件的发生'。"

现在我们都知道,所谓下一个大事件就是 iPod 的诞生,这也是命题简化的绝佳案例。iPod 的诞生从苹果 2001 年推出 iTunes 开始。当苹果团队试图把现有的 MP3 播放器连接到他们的新平台上时,用乔恩·鲁宾斯坦的话来说,他们发现这些播放器"真是可怕,太可怕了"。另一位 iTunes 团队成员菲尔·席勒说:"这些玩意儿真的很糟糕。它们只能下载大约 16 首歌曲,而且你根本不知道该如何使用它们。"就这样,苹果开始了紧锣密鼓的研发,在不到一年的时间里,乔布斯及其团队设计出了一款简单得多的播放器。正如他的传记作者曾写道:

> 在所有简化设计中最富有禅意的便是乔布斯的指令,他说 iPod 不需要开关,这让所有人都大吃一惊……突然间,所有设想都实现了:一个能容纳 1000 首歌曲的驱动器,一个能让你浏览这 1000 首歌的滚轮界面,一个能在 10 分钟内同步 1000 首歌曲的火线连接,一块能持续播放 1000 首歌曲的电池。乔布斯回忆道:"我们突然互相看着彼此说,这实在太酷了。我们知道这有多酷,因为我们知道自己就很想拥

有一个这样的播放器。这个概念如此简洁又如此迷人——1000首歌曲就这样躺在你的口袋里。"

由于比其他任何音乐播放器更轻便、更时尚、更优雅、更易于使用，iPod一夕成名。乔布斯和他的团队用满腔热情造就了一款伟大而极简的产品。但是它为公司赚到钱了吗？

从2001年起，到2007年苹果推出下一项伟大的创新iPhone，全球便携式媒体播放器市场增长了160%，年增长率为17.6%。苹果公司的产品凭借其价格与技术上的卓越性震惊了所有科技爱好者，399美元的标价让它迄今为止都是市场上最昂贵的便携式音乐播放器。网上流传着这么一则笑话，说iPod其实是"白痴给我们的产品定价（Idiots Price Our Devices）"的缩写。然而，正如我们在本书中所述，拥有真正的突破性产品的命题简化者可以坚持索取应有的回报：与价格简化者不同，他们不必在增长率和利润率之间权衡取舍。

在短短6年内，苹果公司的总收入增加了4.5倍，公司市值从76亿美元爆炸性增长至1670亿美元——实现了22倍的增长，相当于68%的复合年增长率。相比之下，微软的市值则略有下降，标准普尔500指数仅小幅上升，增长了1.3倍（见图16-3）。

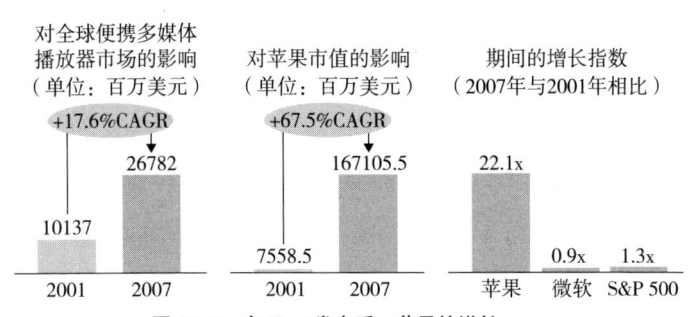

对全球便携多媒体播放器市场的影响（单位：百万美元）	对苹果市值的影响（单位：百万美元）	期间的增长指数（2007年与2001年相比）
+17.6%CAGR	+67.5%CAGR	
2001: 10137　2007: 26782	2001: 7558.5　2007: 167105.5	苹果 22.1x　微软 0.9x　S&P 500 1.3x

图16-3　自iPod发布后，苹果的增长

安谋国际（ARM）

安谋国际科技股份有限公司（Advanced RISC Machines）是 Acorn 计算机公司、苹果和 VLSI 科技共同组建的合资企业，成立于 1990 年。8 年后，它改名为 ARM 控股公司，并在伦敦和纳斯达克股票交易所上市。总部设在英国剑桥"硅沼"地区的 ARM 是一名命题简化者，致力于打造更轻便、更省电的半导体芯片，然后将其授权给手机和平板电脑的制造商。因此，它与这些产品的市场，尤其是智能手机市场，有着共生关系，它通过其创新设计加速这些市场的增长，同时自身也从这种增长中获益。1997 年，含有 ARM 内核的芯片的销售额为 900 万美元。在 2013 年，这一数字已飙升至 100 亿美元，年增长率达到 55%。2010 年，由 ARM 设计的芯片占智能手机芯片总量的 95%。

1998 年，ARM 的市场价值略高于 10 亿美元。到 2015 年，它已经实现了 19 倍的增长，达到 197.73 亿美元，年增长率达到 20%。相比之下，英特尔（既设计又制造芯片）同期增长了 1.1 倍，标准普尔 500 指数增长了 1.7 倍（见图 16-4）。

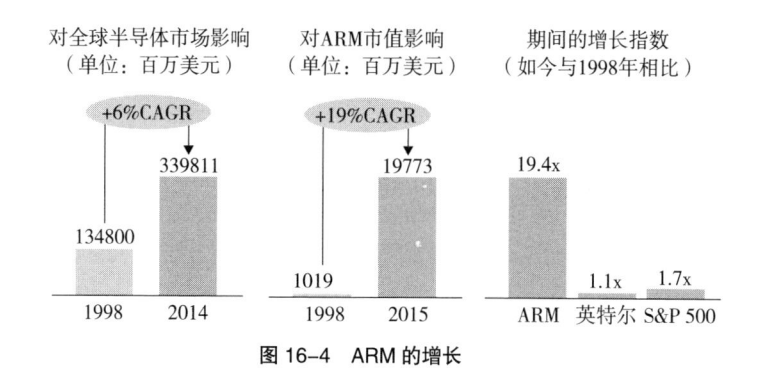

图 16-4 ARM 的增长

利乐公司（Tetra Pak）

鲁宾·劳辛于1951年在瑞典创立了利乐公司。他信奉"包装必须比其成本更节省"，换句话说，利乐包装为乳制品或其他液态食品制造商所节省的费用，必须大于利乐收取的包装费用。利乐公司发明了一种全新的四面体包装，最初用于储存奶油和牛奶。同时，它还引进了新的机器，可以使用利乐独特的层压材料，在乳品厂和果汁厂生产现场进行包装。这两点使利乐实现了它的目标。劳辛花了10多年时间不断完善这些创新设施，他的企业也由此实现了腾飞。

利乐公司的技术创新让该公司的客户（乳品厂和果汁生产商）的工厂能够更方便地进行灌装、包装、运输以及在超市上架。这种包装的成本高于传统容器，但除去支付给利乐的费用之外，客户却能节省更多的钱。之所以能做到这一点，是因为使用这种包装后乳制品和果汁不仅无须冷藏，变质的可能性也变得更小，运输、储存和处理的成本也都降低了。利乐公司称其帮乳品或果汁生产商将运营成本平均削减约12%，这可是一个大数目，但这并不足以使利乐成为价格简化者。事实上，它为客户带来了便捷的使用体验，以及更快的物流，甚至为客户的客户（超市）带来进一步优势，充分证明了自己是一个合格的命题简化者。

美国食品科学技术学会称1963年推出的无菌"利乐砖"是20世纪最重要的食品包装创新。身为有史以来最伟大的物理学家之一，尼尔斯·玻尔在参观利乐公司位于隆德的工厂和研发设施时说，他从未见过"对一个数学问题进行如此充分的实际应用"。

通过坚持包装事业，不断改进，为客户提供更高品质的产品，利乐公司已成为世界上规模最大、盈利最高的食品包装公司。2013 年，利乐公司共制造了 1800 亿个利乐砖。1951—2014 年，利乐公司的市场价值增长了 2800 多倍，年复合增长率超过 13%（见图 16-5）。

对无菌包装市场的影响
（单位：十亿）

对利乐市值的影响
（单位：百万欧元）

+13.4%CAGR

0　　180　　300
1950　利乐包　无菌包装
　　　2013　　2012

2　　　　4470
1951　　　2014

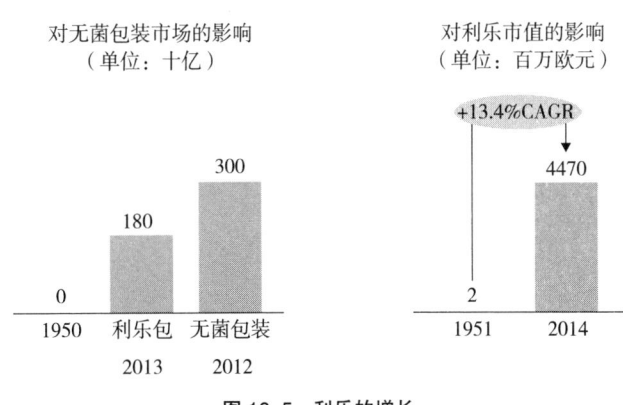

图 16-5　利乐的增长

波士顿咨询公司（BCG）

在第 5 章中，我们讲述了波士顿咨询公司的故事，以及它是如何从根本上简化顶级咨询业务的。自 1963 年波士顿咨询公司成立以来，该公司及其创始人布鲁斯·亨德森可能是对全球商业思维和实践最具影响力的领军者了。

"战略咨询"的发明，不仅将两个此前完全独立的思维领域——营销和金融相结合，也为波士顿咨询公司带来了巨大的商业成功。此外，波士顿咨询公司还以那些已成为企业家和风投家，为自身和整个世界都创造了巨大财富的"校友"为广告，制造了更大的影响力。然而，针对波士顿咨询公司的成功，一项狭义而传统的评估也同样令人印象深刻。据 OC&C 估计，在1963—2014年，顶级战略咨询市场每年增长率为16%[1]，从1963年的1100万美元上升至2014年的超过210亿美元，增长了2008倍。此外，实现这个增长的初始资金非常少。如果这样的增长率能够再保持50年，战略顾问们就将统治世界。但是，我们还是不要考虑这样可怕的前景了！

相反，我们应该注意的是，OC&C目前对波士顿咨询公司理论上的估值为158亿美元。按照同样的估算方法，之前的市场领导者麦肯锡现在的市值将达到321亿美元。然而，由于麦肯锡在1963年时规模就已经很大了，因此它"只"增长了761倍（主要基于其收益），而波士顿咨询公司则增长了超出28500倍。因此，波士顿咨询公司相对于其主要对手在市值的表现高出大约37倍，作为创立这一行业的最大简化者来说，这是它应得的红利。

我们要注意，上述计算使用了"理论上"一词。众所周知，计算像麦肯锡、波士顿咨询公司这样提供专业服务的公司理论上的现金价值是非常困难的。然而，高盛集团的成功上市表明，准确地估值其实是可以做到的。高盛是一家投资银行，而非咨询公司，它拥有部署大量资金和技术的优势。然而，它最终还是要依靠人力资本，就像咨询公司依靠战略顾问那样。这两个行业之间最显著的区别在于，投资银行的员工对快速致富有极大的渴望与决心，而顾问们在这方面的态度则更为轻松。

事实上，一般来说，战略顾问对赚钱并无太大的渴求。价值货币化也不是他们的企业文化。马文·鲍尔作为麦肯锡的领导者，在其漫长的职业

---

[1] 这可能是一种轻描淡写的说法，因为OC&C保守地将麦肯锡1963年的收入纳入市场规模。不同的定义将只包括BCG的收入，因为在1963年，BCG是世界上唯一一家在这一新兴方法论基础上进行实践的公司。只有在60年代末，麦肯锡才开始提供类似的服务。如果我们说1963年的战略咨询市场只包括BCG的收入，那么从那一年开始，这个市场已经增长了14.9万倍——年复合增长率为26.9%。

生涯中，始终致力于让麦肯锡"这家公司（the Firm）"始终保留大写的F，让其保有一家专业公司的姿态。对他来说，这份工作真正的意义在于将客户利益置于公司利益之上。这种精神在波士顿咨询公司也可以见到，因为比起金钱，布鲁斯·亨德森也对影响力和观念更感兴趣。因此，麦肯锡和波士顿咨询公司，以及其他大多数战略公司，实际上都是由员工拥有和掌控的合作组织。企业也好，领导者也罢，最终都没有成为亿万富翁。

因此，波士顿咨询公司或许并"不值"158亿美元，因为它永远不会上市。这是一种自我限制（顺便说一下，这也是我一直不理解的一点），但这并不影响该公司的成就，与麦肯锡的对比也是完全公平的。因此，市值评估可能是不现实的，但相对业绩是无可争议的，而这一切正是因为出色的简化。

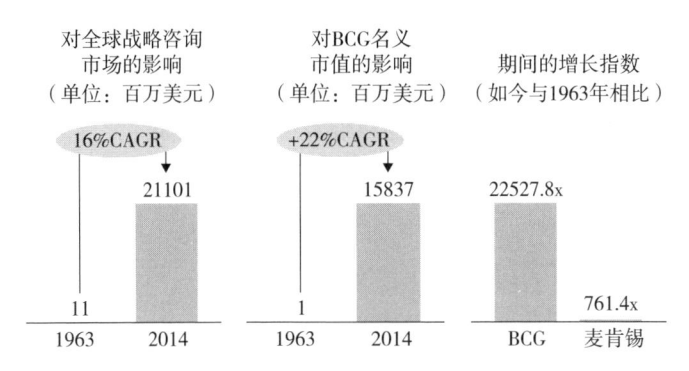

对全球战略咨询市场的影响（单位：百万美元）	对BCG名义市值的影响（单位：百万美元）	期间的增长指数（如今与1963年相比）
1963: 11 → 2014: 21101 (16%CAGR)	1963: 1 → 2014: 15837 (+22%CAGR)	BCG: 22527.8x 麦肯锡: 761.4x

图16-6　波士顿咨询公司的增长

下一章，我们将总结12个上述简化案例中的公司的业绩表现，并将研究简化者和非简化者在其他方面的相对表现。

第17章 简化的成功：一次考古发掘

> 我们大多数人总是汲汲于当下，而对过去6000年间发生的事置若罔闻。
>
> ——威尔·杜兰特

本章为本书的倒数第二章，我们将深入挖掘贯穿于这两种简化策略中的经济力量。我们还总结了12个案例的研究结果，并对OC&C的进一步研究进行探讨，将利用简化进行创新的行业与运用其他手段进行创新的行业进行比较。

这些公司在增加市场价值方面的表现如何？

图17–1展示了12家公司从创立之初到研究期限内的市值增长情况。不过，首先需要注意的是，这些增长的时间跨度很大，从苹果iPod时代的短短6年（这一阶段苹果公司的增长几乎完全依赖于iPod的成功）到福特的109年。因此，当你浏览这张图时，需要把时间跨度（均标注在下方）考虑进去，并在心里对数据做出修正。

简化的回报 203

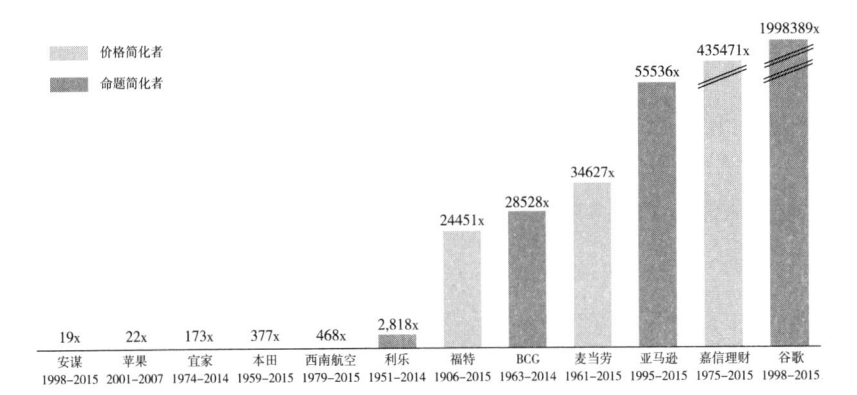

图 17-1 12 家公司的市值增长

价格简化者
命题简化者

公司	倍数	时间
安谋	19x	1998–2015
苹果	22x	2001–2007
宜家	173x	1974–2014
本田	377x	1959–2015
西南航空	468x	1979–2015
利乐	2,818x	1951–2014
福特	24451x	1906–2015
BCG	28528x	1963–2014
麦当劳	34627x	1961–2015
亚马逊	55536x	1995–2015
嘉信理财	435471x	1975–2015
谷歌	1998389x	1998–2015

我们究竟为何要关注每家公司的市值翻了多少倍呢？答案就是，正如你将看到的那样，这些案例之间的差异非常大。与更保守的公司相比，这些公司的增长水平都很高，但增长的范围可以从安谋的"仅仅"19倍到谷歌的将近200万倍。鉴于这样的差异程度，不同案例中的时间跨度就都只是次要问题了。

图17-1反映了三个突出问题：

- 在6个案例中，每个企业的增长幅度都非常惊人，从逾2万倍到近200万倍不等。
- 所有12个简化案例都实现了高增长，但没有证据表明价格简化比命题简化更好，反之亦然。虽然12个案例是很小的样本数量，但我们可以由此推断，要获取最高收益，与采用哪种简化方式并不直接相关。当然，任何一种方法都可以带来惊人的增长。
- 如果我们要问为什么福特、波士顿咨询公司、麦当劳、亚马逊、嘉信理财和谷歌能够在市值增长上做得如此出色，那么可以看看它们各自的故事，然后看看它们之间是否存在相似的模式，当然，还有它们对于简化的热情。

福特：市值增长 24451 倍

亨利·福特的价格简化触发了大众市场长达一个世纪的发展。通过重塑整个行业，在早期设计新产品，建立自己的品牌，并进行国际化（尤其是欧洲地区）推广，福特汽车收益颇丰。

波士顿咨询公司：市值增长 28528 倍

波士顿咨询公司可以说与福特截然不同，波士顿咨询公司从事的是服务业而非制造业，它是命题简化者而非价格简化者，定位在高端市场而非中低端市场，由知识资本驱动，而非工厂与库存。但是波士顿咨询公司和福特都获得了成功，却可以以非常相似的方式来进行解释。

波士顿咨询公司通过发明一种新的主导产品（创始人布鲁斯·亨德森称之为"战略咨询"），重新定义了顶级咨询行业。半个世纪以来，战略咨询市场实现了 16% 的年增长率；而波士顿咨询公司的收益增长更是达到了每年 22%。[①] 市场与波士顿咨询公司各自的增长都依托于国际扩张。正如我们所看到的，福特公司也重塑了整个行业，在之后超过 50 年的时间里在全球范围内迅猛发展。

此外，波士顿咨询公司还得益于命题简化者的两个典型要素：

[①] 读者可能会问，鉴于 BCG 发明了这个市场，并从 100% 的市场份额变成了明显更低的份额，这怎么可能呢？答案是，麦肯锡 1963 年的董事会咨询收入包含在 OC&C 对战略咨询市场的定义中。

1. 公司利润率已经很高，并随着时间推移略有增加，这使得公司能够招募到最优秀的新型人才，优秀的人才又证明了高利润的合理性，并进一步将高利润稳固。

2. 与福特不同，波士顿咨询公司不需要很多资金就能快速扩张。公司拥有的运营资金来自对员工的延期付款，这使得波士顿咨询公司能避免对外部资金的依赖。

麦当劳：市值增长34627倍

麦当劳的模式与福特或波士顿咨询公司大致相同：麦当劳创造了自己的市场，也就是在接下来的60年间呈指数形式增长的"汉堡快餐"市场。

1961—2015年，麦当劳实现了最高的增长率——以每年20%的速度增长了3万多倍，这是雷蒙·克罗克和他创造的系统所主宰的时代。正如我们所看到的，克罗克利用麦当劳兄弟极其简单、精巧和简约的系统，以及巨大的、前所未有的网点扩张进行大规模生产。麦当劳规模扩张之势如此迅猛，得益于该系统的核心是如此简单。因为经济效益非常好，所以它的利润成倍增加。该公司有大量的资金需求，但大部分最初都外包给了保险公司，然后又外包给了其他资金提供者和加盟商。

毫无疑问，麦当劳的品牌及其形象标识，也就是金色拱门和招牌巨无霸汉堡，都非常重要，它与福特和波士顿咨询公司的相似之处也不容忽视。同样，国际扩张也使麦当劳的市值在几十年内持续增长。

亚马逊：市值增长55536倍

亚马逊的市值增长不能简单地以专注单一目标市场的增长来解释。和20世纪90年代末期以来线上图书市场每年"仅"21%的增长率相比，亚马逊的增长极为突然和迅猛。此外，在同一时期，图书业务在亚马逊整体业务中的占比从100%下降到了60%～65%。

因此，我们必须为亚马逊的非凡成就寻找另一种解释。答案是，该公司有效地利用其客户基础，开拓其他商品的市场，通过提供超低价格与高品质服务，让顾客的生活更加便利。亚马逊几乎已经进军所有的零售商品市场，并且持续进行国际扩张。但后者看起来似乎还有很长的路要走。

嘉信理财：市值增长435471倍

嘉信理财遵循福特、波士顿咨询公司与麦当劳的模式：通过简化产品与极大的规模创造了巨大的市场增长。嘉信的价格和成本都远远低于其竞争对手，当竞争对手开始模仿其系统时，嘉信已早早抢占先机：与产品同名的品牌，加上丰富的经验和规模，使得任何竞争对手都不可能在提供同样的产品和价格时获利。嘉信也从国际扩张中受益，尽管其扩张程度还比不上我们名单上市值增长最快的公司。

谷歌：市值增长1998389倍

谷歌的业务已经足够多样化，但其盈利方式仍然基于世界上最简单、最好用的搜索引擎。它延续（并扩展了）福特、波士顿咨询公司、麦当劳和嘉信理财的模式，即通过创造与完善最简单、最快速、最好用的搜索引擎，极大地扩张了市场；它也得益于吸引用户和广告商前来浏览网站的网络效应；最终，谷歌统治了全世界。

当然，价格简化与命题简化有着本质上的区别，这也是我们在本书中始终强调的一点。你做些什么、应该怎么做，以及你应该往高端市场进军还是往低端市场发展，很大程度上都取决于你采用了哪种简化策略。但是，成功的简化者们的价值增长公式，其实贯穿了这两种简化方式，这是我们由此得到的启示。

细观这12个案例分析的"经济成功考古结构"，我们可以发现两个主要模式：

- 福特、波士顿咨询公司、麦当劳、嘉信理财、谷歌、安谋、西南航空、宜家、利乐都遵循一种路径，即开发一种全新的简化产品，比之前的产品都要便宜或好用得多，从而刺激市场，使企业能够以此为平台呈指数式增长。要实现这样惊人的增长，必不可少的就是扩大规模，利用网络优势、通用产品国际化。
- 亚马逊、苹果和本田遵循另一种路线。这些公司设计出一款新产品，比如一款引擎、一种电子设备，或是一种基于简化客户体验的全新经营方式……这些产品可以依次在几个不同的市场上被陆续复制。每一个新市场或产品都是建立在其他产品或在其他市场已经获得了简化和竞争优势的基础上，并能够以多种方式加强和巩固这种优势。例如，通过强化客户基础，向每位客户销售更多产品，从而降低成本，获得更多销量；通过在不同的背景下使用公司技术，再次降低成本并巩固技术基础；通过增强公司对供应商和其他市场参与者的影响。最重要的是，无需初始投资与创立成本，就能在新市场中实现快速增长，这往往是其他市场中缺乏技术与经验的市场新进入者要面对的难关。

上述公司在价值年增长率方面表现如何？

尽管上述对市场价值的绝对增长的探讨很有意思，但是我们还可以通过调查研究12个案例的年复合增长率，来对这些公司进行更公平的比较。但是需要注意的是，这些数据并未去除通货膨胀的影响。1900—1950年，美国的年通货膨胀率平均为2.2%；在接下来的50年里，通货膨胀率为4%；而2000—2013年，通货膨胀率再次下降到2.3%。[①] 因此，大致上可以说，我们应该从这些数字中减去2～4个百分点。此外，OC&C的数字并不包括这些公司每年支付的股息，通常为市值的2%～4%。因此，通货膨胀和股息的影响大致上是相互抵消的。所以，我们在这里所举的数据非常接近"实际"回报率。

在长时间内，如果一家公司每年都能实现10%的实际回报率，就可以称得上表现强劲；如能实现15%的年复合增长率，堪称出色；若超过20%，则可谓卓越。如果这样的增长率能维持几十年，那简直是所有公司都梦寐以求的事情。

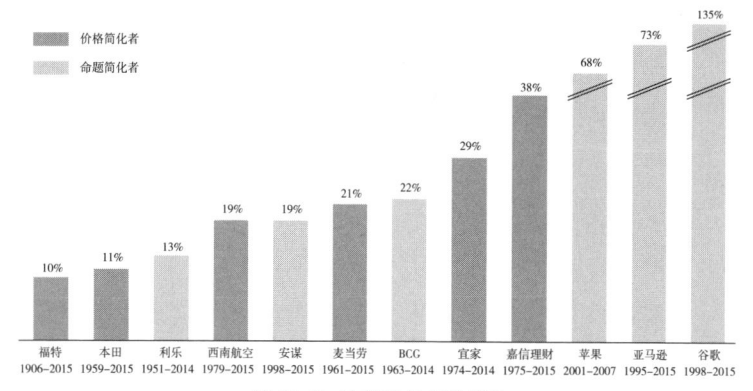

图17-2 市值的年复增长率

公司	年份	增长率
福特	1906-2015	10%
本田	1959-2015	11%
利乐	1951-2014	13%
西南航空	1998-2015	19%
安谋	1998-2015	19%
麦当劳	1961-2014	21%
BCG	1963-2014	22%
宜家	1974-2014	29%
嘉信理财	1975-2015	38%
苹果	2001-2007	68%
亚马逊	1995-2015	73%
谷歌	1998-2015	135%

（价格简化者／命题简化者）

[①] 英国的相应数字略高一些：分别为2.3%、6.2%和3%。

所有调查结果都令人印象深刻。即便如此,表现最好的公司和表现最差的公司之间仍有巨大的差异。谷歌、亚马逊和苹果的数据显然令人震惊,而利乐、麦当劳、波士顿咨询公司和嘉信理财因长期保持高增长水平也尤为值得关注。

这些公司的表现比对手强多少?

对 12 家公司进行排名的最后一种方式,或许也是最好的一种方式,就是看它们的表现比其最大的竞争对手强多少(或者如果没有可对比的竞争公司,就看最相关的股票市场指数)。我们决定将利乐和宜家排除在外,因为它们没有拥有有效数据的直接竞争对手,并且要进行指数对比也比较棘手。(它们都成立于瑞典,后来成为国际公司,并且都是私营企业。)我们将剩下 10 家公司与它们最大的对手(或股票市场)进行比较,并衡量了它们相对于对手的表现。计算方式为,在一定时期内,公司的市值增长除以

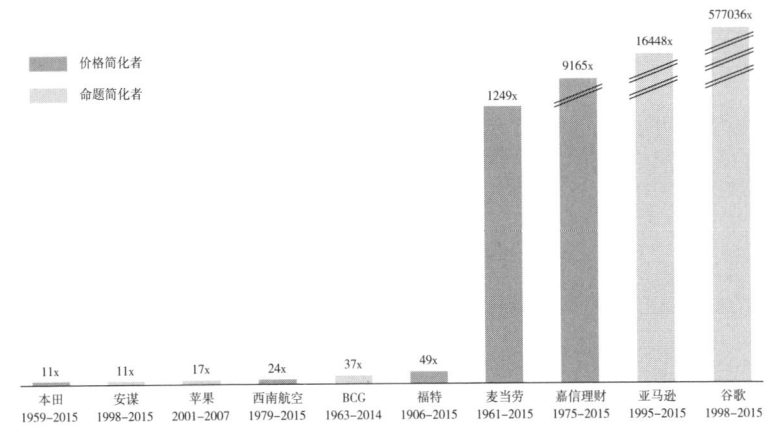

公司	时期	倍数
本田	1959–2015	11x
安谋	1998–2015	11x
苹果	2001–2007	17x
西南航空	1979–2015	24x
BCG	1963–2014	37x
福特	1906–2015	49x
麦当劳	1961–2015	1249x
嘉信理财	1975–2015	9165x
亚马逊	1995–2015	16448x
谷歌	1998–2015	577036x

(价格简化者 / 命题简化者)

图 17-3　表现优胜(同一时期内,公司的市值增长除以最大竞争对手的市值增长或指数增长)

其最大竞争对手（或是股票市场）的市值增长。这从本质上消除了通货膨胀的影响（因为通货膨胀对双方的影响是一样的），尽管这一衡量方式仍然不够完美，但它已经是对业绩能够进行的最纯粹的衡量方式了。

同样，这10家公司中的每一家都取得了非常好的成绩，至少比其最大竞争对手或股票市场指数高出11倍。波士顿咨询公司和福特的表现（分别比其最大竞争对手好37倍和49倍）都很突出。麦当劳、嘉信理财和亚马逊的表现也同样出类拔萃。而对于谷歌的表现，我们根本找不到一个合适的形容词。它比其最大的竞争对手的市值增长高出50多万倍，这简直就是你能在商界看到的接近无穷的差距。只有将谷歌的简洁性与全球网络效应相结合并进行复制（成功的可能性极小），才有可能达到一丝类似的效果。

全行业简化

OC&C对简化作为一种策略的优越性或缺陷进行了最后一项分析，这次分析对全行业进行了评估，而不是单个公司。具体来说，他们研究了生物技术、国防、石油和天然气、制药与软饮行业，这些行业近年来都出现了巨大的创新，但并没有进行简化创新。

- 生物技术行业已经出现了一些非常精彩的实验，但从本质上而言，这个行业始终是非常复杂的，似乎并不是一个适合简化的行业。
- 石油与天然气行业已经出现增长，但这是由于越来越复杂的开采、提炼方法，如深海勘探和焦油砂。同样，该行业似乎也不适合简化。
- 制药业采用了更复杂的化学分析,带来了越发复杂、专业化的药物。研发成本不断上升,加上企业合并似乎阻碍了新企业的简化创新,同时还带来了越来越高的监管壁垒与成本。
- 以若干美国承包商为首的国防工业,创造了更精密复杂、更具杀伤力的武器,并持续宣称高额资金支出是为了拯救更多士兵的生命。
- 1886年,药剂师约翰·史迪思·彭伯顿在短短几个月内调制出了可口可乐的配方。自那时起,这家公司就注定非同寻常,因为直至今日,其大部分利润仍然来自三款非常简单的产品:可口可乐、健怡可乐和芬达。尽管多年来它都试图使软饮品类多样化,但都失败了。为市场带来新产品的重任落在了小公司的头上,其中一些公司大获成功。然而,这些新产品越来越精细、越来越多样化,比如无糖饮料、维生素饮料、运动饮料等。因此,这一行业及其竞争结构反而比过去还要复杂得多。

OC&C研究了1994—2014年这5个行业的美国股市增长情况(不包括股息),并将这些增长与5个"简化"行业——电子消费品、媒体、互联网、零售和软件的增长进行了比较。OC&C的分析师之所以选择这5个行业,是因为它们的共同趋势是提供更加简单、价格更低(在某些情况下是大幅降低)的产品与服务,以及更加便利、易于使用、体量更小但功能更强大的设备。请记住,OC&C并没有对这些行业相对于其他行业的简化程度做出判断。他们所做的,只是分析了5个随时间推移而变得更加复杂的行业,以及另外5个随时间推移而变得更加简单的行业。

从图 17-4 可以看出，非简化行业的市值增长率在 4～15 倍，而简化行业的市值增长率则在 5～152 倍间。非简化行业的平均增长是 6.8 倍，简化行业的平均增长是 38.6 倍（尽管后者的数字在很大程度上受到互联网迅猛发展的影响）。非简化行业的增幅中值为 5 倍，而简化行业为 11 倍。

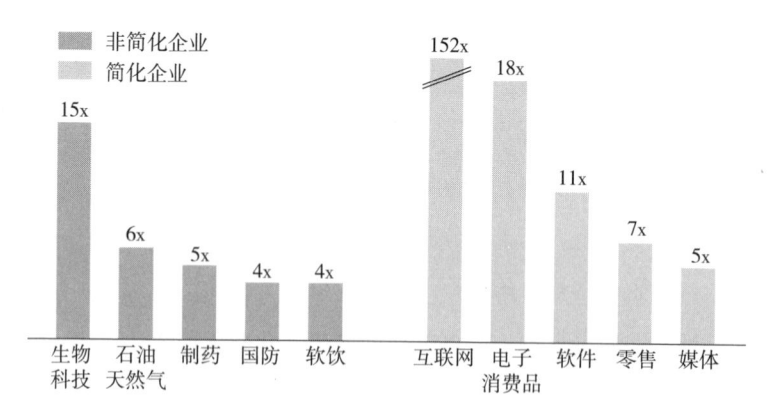

图 17-4 1994—2014 年，简化与非简化行业的股票价格增长情况

结论

- 12 家简化公司都展现出极高的市值增长和年增长率，与对手公司或股票市场指数相比表现十分优异。
- 价格简化和命题简化的回报都很高，没有迹象表明一种策略会比另一种带来更高的经济回报。（不过，研究中的样本量相对较小，因此范围更大的研究或许会发现一些我们没有发现的差异。）
- 所有 12 家简化公司的市值增长都持续了数十年，甚至在简化创新的主要阶段结束后也持续增长。当然，回报率会慢慢回归至平均水平，但它们的确惊人地长期内保持高水平增长。

- 我们在本书中强调了这些长期高回报背后的经济因素：通过降价 50% 以上或制造出提升使用乐趣的产品或服务，从而扩大市场规模；通过彻底的简化创新而获得成功的公司不断积累品牌与口碑优势；通过扩大规模、经验或利用网络效应实现更低成本。这些因素结合在一起，简化公司的经济效益远远高于那些未能在同样程度上进行简化，甚至根本没有进行简化的竞争对手公司。然后，就是由简化公司决定，是选择进一步扩大市场以提高公司市场份额，还是追求更高的利润。无论选择哪一种，都会建立一个良性循环，不断提高公司的竞争地位和安全性。即使没有进一步创新，这样的良性循环似乎也能够持续很长一段时间。然而，这些都是偏直观的、理论意义上的解释。它们意味着价格简化者的优势与命题简化者的优势有一些不同。然而，深入研究案例的好处是，对于每个进行简化的公司如何获得如此持久的高回报，我们可以做出更深刻、更易于验证的"考古学"解释。我们抛开先入为主的观念，全心观察这些回报是如何产生的。由此我们发现了两种主要的模式：市场爆炸性增长模式和客户体验革新模式。

市场爆炸性增长模式

在这一模式中，进行简化的公司会创造一款卓越的新产品或服务，其优越性或在于极低的价格，或在于使用的乐趣。这二者其一的优势使这款产品的销量呈现指数式增长。通过在本土市场（比如北美、日本或欧洲）的扩张，以及持续的国际扩张，这种简单的新产品或服务使得市场规模扩大了数百甚至数千倍。能够实现这一点的似乎只有简单的"通用"产品。而规模、经验和网络效应的大大增加，使竞争环境更利于简化创新者们。价格简化者和命题简化者都从这一过程中获得了丰厚的回报。价格简化者包括福特、麦当劳、宜家、嘉信理财和西南航空，而命题简化者则包括波士顿咨询公司、利乐、安谋和谷歌。（本段所述的成功"考古学"中，唯一的例外是西南航空，它未能在美国以外的市场成功复刻自己的模式，反而是瑞安航空和易捷航空这样的欧洲廉价航空公司，将西南航空的创新推上了国际舞台。）

客户体验革新模式

这一模式在某种产品或服务领域内非常有效，于是很快就被推广到其他产品和服务中，它的攻势像成吉思汗、恺撒大帝或拿破仑一样迅猛，侵入新的竞争领域，实现非凡的快速增长。本田、亚马逊和苹果都采取了这种方法。这三家公司里，一家是明确的价格简化者（本田），一家是明确的命题简化者（苹果），还有一家是明确的命题简化者但或许它也是价格简化者（亚马逊）。因此，我们可以相信，革新－入侵模式对两种类型的简化者来说都是有效的。[1]

---

[1] 战略家们可能会注意到，这两种模式之间的区别有点类似于 BCG 和迈克尔－波特的竞争优势理论（基于个别细分市场的优势）与普拉拉哈德和哈梅尔的"核心竞争力"理论（以及一般的资源理论）之间的区别。然而，我们的结论来自我们对 12 个简化者如何在实践中获得超常回报的实证检验。因此，我们希望在适当的时候能够出现一个更加"普遍"的、协商一致的竞争优势理论。

- 想要从简化中获得最大的经济收益，我们建议公司采取市场爆炸性增长模式，或者采取革新-入侵模式。不过，同时采取这两种模式也是有可能的。也许麦当劳在雷蒙·克罗克完善的技能的基础之上，可以不囿于"快速汉堡"市场，还能向"快速鸡肉"和其他快餐市场进军。这些技能包括：一心一意专注于少数几样菜品；打造低价口碑；强调产品质量和服务速度；一尘不染的餐厅环境和洗手间；为孩子们准备娱乐项目；对加盟商严格控制；始终保证餐食质量与价格实惠；分店发展和融资服务；取得美国市场的主导地位，并率先进行国际化；在半个世纪内坚持不懈地进行品牌建设和推广。克罗克几乎完美地驾驭了市场爆炸性增长的公式，但他完全错过了，或者说忽略了利用他精心打磨的技能和资源（以不同公司和不同品牌的形式）进军其他快餐市场的机会。也许要在管理上同时实现这两个模式几乎是不可能实现的，但克罗克无疑在大量的产品类别中，创造了快餐市场的通用模式。
- 最后，无论你的公司追求哪种简化方式，无论你遵循哪种市值最大化的模式，在国内和全球市场快速扩张都至关重要。在你的竞争对手之前，通过简化产品或服务填补全球市场的空缺，可能会为你带来天文数字的高回报。

第 18 章　简化的局限、力量与荣光

> 战略的精髓就是，你必须为想要取得的成就设限。
>
> ——迈克尔·波特

> 蠢材与天才的不同之处在于，天才是有极限的。
>
> ——阿尔伯特·爱因斯坦

想想维米尔的杰作《戴珍珠耳环的少女》，暗色的背景映衬着一名年轻女孩的身躯和脸颊，她转过身来，朱唇微启，睁大眼睛凝视着，仿佛赏画者突然吸引了她的注意。她光亮的脸庞在对比强烈的暗色背景下，几近呈现出 3D 效果。维米尔不仅知道该如何描摹这位少女本身，也深谙应如何通过渲染背景以突出女孩的迷人。

万事皆如此，无论是具象的物体还是抽象的概念，都由是与非的界限所定义。但是，尽管你能以感官感知到一件物品的边界，却无法以同样的方式感知由两种简化方式代表的主要商业战略的抽象概念的边界。因此，想要分清什么是简化、什么不是简化，就要付出更大的努力。

是否存在可行的非简化策略？

当然有。想想看家具行业，它催生出数万家公司，但宜家只有一个。

而宜家的竞争者不是，也不可能是成功的价格或命题简化者。然而，有很多公司在面对宜家强大的价格简化策略时仍能开辟出自己的一片天地，成为相当成功的企业。在某种程度上，家具行业就像一个自然生态系统，比如一片丛林。食物链的顶端只有少数生物，但丛林里还有成千上万个比较小的物种，它们的生理特征、防御机制、栖息地、捕食、共生、寄生行为千差万别，这些本质上都是自然选择的策略。这些策略或许不是最强大的，但都是切实可行的，因为这些公司仍处在运营状态之中。许多物种现在已经灭绝了，因为在这个不断发展、进化的市场中，它们的策略已被更成功的策略替代了。如果只关注简化公司，我们就无法在画布上留出与我们描绘的美丽生物形成鲜明对比的、集中统一的留白空间。我们就无法看清究竟什么是简化策略，因为我们根本不了解到底什么不是简化策略。

回到工业生产和商业的丛林中，竞争的不同形式都是什么样的？又有哪些是至少在现行阶段可行，并且可持续使用的竞争策略？答案是三种形式：精益求精策略、发明策略和发现策略。

精益求精策略

精益求精策略与简化策略恰恰相反，它意味着使产品或服务更加复杂。这个策略在某些行业可能非常有效，例如，奢侈品与高端服务行业。

百达翡丽超复杂功能腕表系列（有不同款式）的价格为上万英镑，该系列为全手工制造，产量极其稀少，并在机械构造上高度复杂。这些都是限量款的精美手表，它们盛行的世界与价格简化和命题简化的"亲民"世界截然相反。

即使是那些针对愿意支付溢价的顾客的（命题简化）公司，简化产品也是为了挖掘更大的市场，并且开发出能够大规模生产的通用产品。相比之下，真正的奢侈品市场永远是小众且排他的，产品自身的复杂性和稀有性才是其最迷人的属性，目的就是通过精妙的产品制作，来彰显少数精英人士的财富与地位，而此时，简单的功能和便宜的价格只会遭人唾弃。

与之类似的还有定制产品与定制服务。例如，企业软件这样与公司现有系统和业务匹配的大型系统。企业软件总是充斥着华而不实的首字母缩写：ERP（Enterprise Resource Planning，企业资源规划系统），MIS（Management Information Systems，管理信息系统），MRP（Materials Resource Planning，物资需求计划），还有许多其他术语。每一次新部署都要将众多来源的不同信息整合在一起，而各个信息的来源又会有或细微或显著的不同，使得该产品每次安装都需要精确匹配，安装过程因此变得极度复杂，安装成本也贵得惊人。但顾客往往都会被困在这一系统中，因为他们觉得这些系统对公司来说是不可或缺的，而做出改变的成本则会更高。这就像是瘾君子与毒品之间的关系一样，而提供企业软件的公司赚取的巨大回报，可能会让毒贩子都嫉妒不已。

精益求精策略的最后一种类型，在于开发更大更好的产品。从长远来看，这些产品通常不能像奢侈品或定制产品那样取得成功，但它们可以享受短期内的高速增长。产品可能会被做得更大，或更牢固、更快速，以寻求规模经济或某种特定效用，但也会变得极其复杂、难以制造，并且更难使用。然而，它们代表了产品类别中一个有意义的部分，那就是只要产品的性能比以前的产品性能更好，或实现了原先不可能或无法实现的功能，那么该产品的复杂性就能被接受。即使这种复杂性意味着经济与其他方面的高昂成本，这样的产品仍然扮演着重要的角色。

想想庞大的空客 A380，它将飞机的尺寸和引擎扩展到了极致，堪称技术奇迹，就凭这一点，设计师功不可没。然而，A380 也将空客公司及其顾客带到了商业运营可行性的边缘。尤其是这款机型的复杂性，使它可能无法找到足够大的市场以获取高额利润。因此，它也许会像阿波罗计划、悍马、"协和式"超音速飞机这些产品一样，最终消失在人们的视野之中。

发明策略

有些发明实现了简化，而有些发明则变得更复杂，还有一些发明两者兼而有之。车轮的发明是简化，空客 A380 的发明则是复杂。但是，与双轮马车相比，四轮马车既有简化之处，也有复杂之处。同样，尽管汽车比马车更快、更舒适（由于汽车具有使用乐趣，所以属于命题简化），但显然也更加复杂，制造成本更高昂，还需要驾驶与养护技巧以及全新、复杂的道路与交通控制基础设施，这一切都与简单的马匹世界形成了鲜明的对比。

网上的交流，一定会比传统的面对面交流更胜一筹吗？

在一定程度上，有一些发明兼具吸引力与商业成功性，但最终让我们的生活与其价值更复杂，甚至与初衷背道而驰。然而，我们很难质疑这样一个观点，即简化是一条单行道，也往往是最多被采用的方法。

发现策略

发现策略，即找到而非发明某物，即使不进行简化，也能够成为盈利能力超强的策略。塞维利亚镶金教堂和建筑的精巧工艺，有赖于对美洲的发现以及被这一港口城市垄断的往返洲际航线。然而，虽然美洲新大陆的发现带来了巨大的盈利机会，而且在我们看来这也是有利可图的（并非所有人都同意这一观点），但它并没有让这个世界变得简单。

同样，想想约翰·D. 洛克菲勒获得巨大成功的策略："行动早早，钱包饱饱。"世上大多数采矿行业的特征都大抵如此，这是一种特定的、与简化相去甚远的策略。生物科技行业也是这一策略的典型案例。

逃离市场力量的方法

前面提到的三种非简化却仍然使行业蓬勃发展的策略并不是全部。还有另外一组策略，我们可以大致将其归类为逃避完全竞争的市场力量的成功策略。这些策略可以进行简化，但它们更偏向于增加复杂性。

市场是强有力的杠杆，可以让你成为商品的生产者，也能够摧毁你赚取的一切利润。因此，正确的策略能够抵御市场力量，为你创造喘息的空间与竞争优势，并保留市场份额与利润。如果将无数策略与非市场现象以及我们所讨论的战略路径相结合，就可以创造出竞争的多样性，让整个市场如自然生态系统一般。以下列出了其中部分方法。

网络效应：网络效应出现在产品或服务的特性随着客户或参与者数量的增加而改进的时候。想象一下一个封闭的、无法跨平台运作的即时通信网络。如果只有少数人连上了，那它就几乎没有任何用处，但如果每个人都能互通有无，那网络就发挥了极大的作用。随着用户数量的增加，服务会得到改善，而一个较小的竞争者要推出一个类似的平台就变得越来越困难。网络效应的强大，让本质上设计更好的产品也无法与强大的市场领导者抗衡，因为用户的数量是如此关键。像这样拥有庞大用户数量的企业往往会摧毁他们的竞争对手，市场结构会倾向于垄断或寡头垄断。很明显，这是对市场力量的遏制。有时候，对于谷歌、亚马逊或脸书，网络是建立在简化基础之上的。但还有些时候，比如电信网络、银行网络、轴辐式网络（如航空公司的目的地）或跨国机构（如欧盟）等网络，是一小部分的简化与大部分的复杂化结合而成的。

监管：政府或其他监管机构会告诉你潜在的竞争对手，他们必须停止经营，或强迫他们历经千辛万苦，让进入市场成为一个可怕、高风险或令人望而却步的过程。这就是市场力量被中止的另一种方式。许多公司都专注于高度监管的市场，并因此获得了丰厚的回报。

知识产权：这是另一种形式的监管，尽管它是更加精英的形式。在最好的情况下，保护知识产权可以激励人们在孤独且不稳定的发明之路上走得更远。但也有最坏的情况，那就是它给了专利流氓可乘之机，让他们钻法律的空子，肆无忌惮地敲诈钱财。

锁定效应与转换成本：对于产品质量没那么好，却有大量用户基础的公司而言，年复一年获取丰厚的利润是非常正常的。在这种情况下，至少在短期内，打造更好的产品似乎并不紧要。

人际关系：人都是社会性动物，渴望与他人建立舒适的关系。互相慰藉固然是好事，但这也使我们之中的一些人容易被那些巧舌如簧者诱骗。再没有什么比强大的人际关系更能蒙蔽判断力、遏制市场力量的了。

稀缺性：有些东西天然稀缺。根据定义，它们无法被复制，因此也无法被直接攻击。只要问问令人惊叹的科莫湖东方别墅的拥有者，是否愿意用它来置换另一家酒店，就明白了。同样，cats.com 这一域名的所有者也不可能将这个特殊的 URL（统一资源定位器）以低价售出。

小众效应：有时候，某个市场过于小众、过于专业，一旦被占领，其他竞争者就没有兴趣进行争夺了。从某种意义上说，市场力量似乎根本不起作用，如果市场无法同时承载两个竞争者，那么准入成本就会很高，由此一来，现有市场统治者就可独享盈利。

政府：大大小小的企业，都在政府干预下免受市场力量的影响。有时一个国家的一半的经济总量都可能因此与竞争绝缘。政府很少进行简化，事实上，它们几乎总是使问题复杂化。

非营利组织：它们是政府的近亲，通常从那些通过规避市场力量而发家致富的（包括在世和已故的）大亨那里得到大量赞助。

考虑到还有很多其他方法，竟能在一段时间内不断增加国家与个人财富，这一点令人惊讶。正如我们所看到的，绝大部分经济活动，都在很大程度上或是完完全全避开了市场力量。这也是对二八定律最佳的体现与证明。

简化大局观

由此可见，简化并非唯一的可行之道，亦非生财的唯一途径。许多非简化策略，对从业者来说也非常有效。

然而，我们必须记住两个基本点。

第一，绝大多数的商业回报都归于简化者。诚然，这一点还未得到严格的证明，事实上，进一步对其进行研究会是一项上佳的博士课题。但考虑到本书所讨论的简化者所享有的回报，即那些远超过平均水平、有时甚至能持续数十年的回报率，我们可以自信地认为，简化策略处于商业食物链的顶端。简化公司几乎只占公司总数中的很小一部分，但它们创造的经济价值却占总经济价值的大部分。对任何热衷于高回报的人而言，简化都是一项主导策略，甚至可能是最优策略。如果你是一名企业家，你必须进行调研，你的公司是否能够找到一条简化之道，并借此实现市值增长。如果你得出的结论是不能，你可能就要考虑创办一家新企业，从头开始简化。作为企业家，你还需要知道，你的公司目前或将来是否会面临来自价格简化者或命题简化者的威胁。如果答案是肯定的，你最好想出办法规避或击败潜在的竞争对手，或者在威胁真正到来前将公司卖掉。

如果说第一个基本点是经济和财务，那第二个基本点则更普遍一些。从消费者和人类的角度来看，简化战略的意义是耐人寻味的。早在我们开始利用打火石制造工具以来，人类最明确的一点，就是我们必须能够不断与最广泛意义上的技术紧密相连。通过技术，人类创造了属于我们自己的环境，一种依附于自然却又超越自然的环境。

这种科技－人文环境，丰富多彩也充满刺激，能够大大缓解我们的痛苦，其进化的齿轮也在滚滚向前。正是这些简化策略，通过高度实用或定价合理的产品与服务，以更人性化的方式为我们展现了科技的益处。如果没有这些简化策略，没有它们提供的便利，我们或许就会湮没在技术发展的巨浪中，我们或许会忘记，评判企业的主要准则并非其为部分人创造了多少财富，而是它为多数人做出了哪些贡献。

本章之前提到的所有规避市场力量的非简化策略，对于使用这些策略的企业与员工而言都大有裨益。但是这些策略对我们而言就不是那么友好了。事实上，有时，这些策略反而会损害我们的利益。

简化的乐趣和正当性就在于，企业家和他们的团队能够规避市场力量，赚取财富，同时他们的所作所为对社会、对其他人而言也是有益的。

50美元的智能手机将如何改变非洲村民的生活？人工智能将如何改变我们所有人的生活，尤其是我们孩子的生活？量子计算或是互联网的下一次飞跃又将如何实现我们不可企及的技术进步？

无论未来如何发展，以可接受、可负担，同时令人振奋的方式取得积极进步的，都将会是简化者们。

现在，本书已经接近尾声，你获得了哪些启示？

我们希望你已经迫不及待要进行简化了，但别太指望自己能够轻松取得胜利：

- 简化并非一颗魔法子弹，亦非无懈可击的成功公式。
- 你必须想出彻底的简化方案。
- 你必须开发出一款比任何现有产品或服务都要简单得多的新产品或服务，它必须制造起来更简单（因此至少要便宜 50%），或是使用极其便捷到用户会心甘情愿为其支付高价。
- 产品或服务必须进行简化，成为通用商品。你必须突破地理、文化与其他会影响到通用性的阻碍，虽不必苛求自己在一朝一夕内达成这些目标，但短期之内必须实现。例如，雷蒙·克罗克在接管麦当劳时，可能并没有把阿塞拜疆放在眼里。但如今，在将简单的产品或服务推广至全球的过程中，任何拖延都可能招致危险。
- 商业系统也必须进行重新设计，这样新产品与公司就能安坐新网络的中心位置。客户、供应商和其他重要参与者，比如加盟商，也都必须纳入这一系统之中，围绕着产品和公司，就像行星围绕着太阳一样。
- 竞争对手也必须被驱逐到系统边缘，或者完全被排除在外。可以允许他们撤退到公司和产品不考虑竞争的区域内，但绝不允许他们对新产品在市场的主导地位发起挑战。
- 必须在模仿者推出他们的版本之前抢占先机，进行产品或服务的国际化扩张。
- 简化是一项创造性的工作，但它也需要大量的实践，想要结合二者有一定的难度。

然而，经济学和顾客心理学之神都偏爱简化者。一家小规模的初创企业，如若能够致力于遵循这两种简化策略中的一种，并进行调整，使之更适合自身行业，说不定就可以大放异彩。

此外，简化者除了使自身受益，也会比非简化者为社会中的人带来的帮助更大。

最后，尽管简化的才思有限，但是可以通过简化策略想象与创造出来的简单通用的产品却是无限的。

那么，现在就出发，开始简化之旅吧！

致谢

我（理查德）已经无法清晰回想起最初是谁提议我创作此书了，但我相信在我提出出书的想法之后，克里斯·乌特勒姆、格雷格·洛克伍德、我的出版商蒂姆·怀廷和经纪人萨莉·霍洛韦都曾敦促我将之付诸实践。就算不是他们，而是我脑中的自主意识下定的决心，那他们四个也绝对都给了我极大的鼓舞。所以，本书得以成功问世，这几个家伙在一定程度上"难辞其咎"。如果这本书引起了大家的共鸣，那我必须好好谢谢他们。如果没有的话，那责任都在他们，都怪他们浪费了我足足 4 年的宝贵时间。

言归正传，格雷格和我都真心感谢克里斯、蒂姆和萨莉。我先来说说克里斯和他的公司吧。

克里斯·乌特勒姆是 OC&C 的创始人和名誉主席。我还记得，当初和他谈论这本书的构思时，我们是在葡萄牙的阿尔加维。因为所有原本想去的葡萄牙餐厅都关门了，所以我们只好去了一家奇怪的"英式"酒吧。

克里斯一下子就爱上了我的想法，又拉来了他的一位合伙人——尼克·法尔希，他也很乐意参与进来。但如果他当时知道整个项目会历时这么长，要耗费这么多时间和精力，他可能就不会这么热衷于此了！克里斯和尼克经常直言不讳地指出初稿中的不足之处，但他们始终积极参与其中，从未有所抱怨。他们和许多 OC&C 的同事都对本书的观念与最终的呈现形式做出了巨大的贡献。

OC&C承担了本书的研究计划,以过人的努力与智慧发掘并估算出大量鲜为人知的市场数据。这一项目的成功,离不开艾维克·巴塔查里亚的领导,也离不开理查德·布鲁克斯、格雷格·科茨、马特·卡明斯、迈伦·拉姆和克里斯·史密斯所提供的支持。

蒂姆·怀廷是皮亚克斯出版公司(Piatkus)的出版商,他自始至终都为本书得以问世尽心尽力,他的团队也一直保持着专业水准,和他们一同工作是一种享受。

没有比萨莉·霍洛韦更好的经纪人了,她总是如此耐心和乐于助人,但在关键时刻又是那么敏锐而直接。

同时我也非常感谢两位商业战略方面的专家:安德鲁·坎贝尔教授和戴维·J.科利斯教授,还要感谢知名美国市场营销大师佩里·马歇尔。安德鲁是伦敦阿什里奇商学院的创始人和主任,他曾读了本书的好几版初稿,给出了深刻而精辟的建议,尤其是让文本尽可能简单的建议。虽然有时难免会因他的评价感到气馁,但我明白,他总是正确的。本书也因为他的建议而更加完美。

很久之前,戴维是我在波士顿咨询公司的同事,如今他已经是哈佛商学院托马斯亨利卡罗尔福特基金会的兼职教授。和安德鲁一样,戴维也仔细阅读了本书的好几版初稿,并敦促我们对某些关键之处做了修改,我们也照做了。同时,他还强调了,在选择成为价格简化者还是命题简化者时,应考虑到顾客是否愿意为了相同的产品支付溢价这一重要因素。正是他的这一观点影响了本书第7章的图7-1,也就是简化机会图。

佩里是全球最畅销的互联网广告书籍《谷歌广告词终极指南》(*Ultimate Guide to Google Adwords*)以及《80/20销售与营销》(*80/20 Sales and Marketing*)的作者,他也为本书的几版初稿提供了很实用的建议,还邀请我去芝加哥担任一场为期三天的研讨会的主讲人。这场会议群英荟萃，聚集了一大批世界级的企业家与首席执行官。我们花了一天时间专门讨论了简化理论。这一经历让我更加确信，我们正在干一件了不起的事情。佩里对本书的观点做出了巨大贡献，他永远都是我们知识与灵感的源泉。

我们也要向所有阅读了本书初稿并给出改进意见的人致以诚挚的谢意。在此，我想让特别感谢安德林·巴赫曼、娜塔莎·拉塔辛以及艾丹·蒙塔格的鼎力相助。

我的业务经理乔希·道格拉斯对文本提出的实用建议可谓数不胜数，他还提供了大量实践经验建议，同时还帮我们完成了所有表格的绘制。

我的合作伙伴，作曲家和流行乐新星马修·格里姆斯戴尔，始终是我在本书创作过程中的力量源泉，在我无数次想要放弃的时候给予我坚持下去的信心。

最后，衷心感谢在芝加哥参与了简化理论研讨会的 150 名来宾，你们是最了不起的参与者。我们的材料因你们的评论与热情而更可靠、更完整。